BUCHS & CO

Jenny Hendy

BUCHS & CO

Formschnitt im Garten

CHRISTIAN

Unser Verlagsprogramm finden Sie unter
www.christian-verlag.de

Übersetzung aus dem Englischen: Dr. Jens-Uwe Voss
Redaktion und Satz: Barbara Kiesewetter, München
Korrektur: Dr. Michael Schenkel
Umschlaggestaltung: Caroline Daphne Georgiadis,
Daphne Design

Sonderausgabe 2012
Copyright © 2005 für die deutschsprachige Ausgabe:
Christian Verlag GmbH, München

Alle deutschsprachigen Rechte vorbehalten.

ISBN 978-3-86244-153-2

Die Originalausgabe mit dem Titel *Topiary* wurde erstmals 2004 im Verlag Aquamarine, einem Imprint von Anness Publishing Ltd, Hermes House, 88-89 Blackfriars Road, London SE1 8HA, veröffentlicht.

Copyright © 2004: Anness Publishing Ltd
Design: Lisa Tai
Fotos: Steven Wooster

 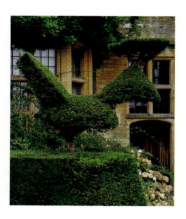  

Alle Angaben in diesem Werk wurden von der Autorin sorgfältig recherchiert und auf den aktuellen Stand gebracht sowie vom Verlag geprüft. Für die Richtigkeit der Angaben kann jedoch keinerlei Haftung übernommen werden. Für Hinweise und Anregungen sind wir jederzeit dankbar. Bitte richten Sie diese an:
Christian Verlag
Postfach 400209
80702 München
E-Mail: lektorat@verlagshaus.de

Die Deutsche Nationalbibliothek verzeichnet diese Publikation in der Deutschen Nationalbibliografie; detaillierte bibliografische Daten sind im Internet über http://dnb.d-nb.de abrufbar.
Gesamtherstellung Verlagshaus GeraNova Bruckmann GmbH

Alle deutschsprachigen Rechte vorbehalten.

Bildnachweis
Vorderseite: Steven Wooster; The Old Vicarage
Rückseite (von oben): Steven Wooster; Arley Hall
　　　　　　　　　　Steven Wooster; Leeann Roots
　　　　　　　　　　Steven Wooster; Wyken Hall
　　　　　　　　　　Steven Wooster
　　　　　　　　　　Steven Wooster

INHALT

Einleitung	6

STILVARIANTEN 12
Die Wahl des Stils 16

GESTALTEN MIT FORMSCHNITT 34
Form und Funktion 38
Bodenmuster 54
Licht und Schatten 60
Eis und Wasser 66

GRÜNE ARCHITEKTUR 72
Architektonische Elemente 76
Muster pflanzen 90
Geometrische Formen 98

GEWACHSENE SKULPTUREN 116
Figuren 120
Die neuesten Moden 128

FORMSCHNITT-PFLANZEN 142
Die richtige Pflege 144
Das ABC der Formgehölze 146

Glossar 153
Sehenswerte Gärten 154
Informationen/Bezugsquellen 156
Register und Danksagung 158

Links Formschnitt ist ein Betätigungsfeld für künstlerischen Ausdruck. Die vielfältigen Formen verleihen einem Garten nicht nur Struktur, sondern auch sehr viel Persönlichkeit.

Rechts Einfache geometrische Figuren sind leicht zu erziehen und kommen, wenn sie aus Pflanzen wie Buchs mit einer feinen Textur geschnitten wurden, vor üppig wachsenden Blättern und Blüten eindrucksvoll zur Geltung.

EINLEITUNG

Viele Menschen denken immer noch, die Kunst des Formschnitts, auch Topiary genannt, sei ausschließlich etwas für erfahrene Gärtner im Dienste des Landadels. Sie war jedoch schon immer eine volksnahe Kunst von Menschen auf dem Lande und wird mehr und mehr zu einem Zeitvertreib für jedermann.

Als Kunstform findet der Formschnitt allgemein Anklang. Das liegt vor allem daran, weil es so viele unterschiedliche Stilrichtungen gibt. Ganz gleich, ob man konservativ oder traditionell, avantgardistisch oder exzentrisch ist – etwas Passendes ist für jeden dabei. Der eine sucht vielleicht Anklänge an die Förmlichkeit grüner Architektur, ein anderer geht mehr mit der Zeit und kreiert naturalistische, frei gestaltete Figuren. Solch figürliche Darstellungen vermitteln den Eindruck von etwas Schrulligem, Humorvollem, während schlichte geometrische Formen ruhige, skulpturale Elemente minimalistischer Gartenlandschaften bilden. Ganz egal, wie klein der Garten und wie schlicht die Umgebung ist, für Topiary ist immer Platz. Formgehölze kann man in Töpfen ziehen, sie brauchen nur sehr wenig Raum. Man muss nicht einmal bei null anfangen, denn bereits vorhandene Sträucher und Hecken lassen sich häufig neu gestalten und ganz nach Laune formen.

Ein weiterer Gesichtspunkt, der selbst Gartenneulingen diese Kunst nahe bringt, ist die Freude daran, etwas Wildes und Ungezähmtes zu stutzen und zu schneiden, sodass aus dem Chaos Ordnung erwächst. Ordnungsliebende sollten auf der Hut sein: Dieser Zeitvertreib kann süchtig machen! Auch die Tatsache, dass architektonische Elemente aus nichts anderem als Pflanzen »erschaffen« oder »modelliert« werden können, stößt immer wieder auf Bewunderung. Formschnitt ist auch finanziell attraktiv: Mit der nötigen Geduld kann man grüne Mau-ern, Bögen und Kolonnaden planen, die erheblich teurer kä-men, wollte man sie aus Steinquadern oder Ziegeln bauen.

Die erste Erwähnung der »Ars topiaria« findet sich in den Schriften des römischen Naturhistorikers und Wissenschaftlers Plinius d. Ä. (62–110 n. Chr.). Er beschreibt dort kunstvoll ausgearbeitete Elemente in seinem Garten in der Toskana. Mit dem Vormarsch des Römischen Reichs breitete sich diese Kunst aus und hinterließ bis heute archäologische Spuren. So wurde in dem Garten des römischen Palasts in Fishbourne im englischen Sussex das Muster einer prachtvollen Buchshecke freigelegt.

Auch im finsteren Mittelalter wurde die Kunst des Formschnitts weiterhin praktiziert, allerdings nur noch in Kloster- und Burggärten. Das 14. Jahrhundert erlebte dann das Erwachen der italienischen Renaissance, die, angeregt von der Klassik, den Gartenstil in Europa maßgeblich beeinflusste. Zwei der wohl

Oben Beim Topiary wurde stets mit unterschiedlichsten Pflanzen experimentiert. Immer wieder andere Arten waren modern.

Rechts Eine Reihe Lorbeerhochstämmchen verleiht diesem mediterranen Kräutergarten Stil.

Unten Selbst im kleinsten Garten finden Formgehölze in Töpfen Platz.

schönsten Gartenanlagen aus dieser Zeit findet man in der Villa Lante und der Villa d'Este in der Nähe von Rom.

Imponierender waren die formalen Gärten der französischen Renaissance mit riesigen Parterres aus Buchs und von Hecken gesäumten Avenuen. Die Vormacht des Menschen über die Natur war das herrschende Thema, dessen Meister der Architekt Le Nôtre, der im späten 17. Jahrhundert die Gärten von Vaux le Vicomte und das Versailles Ludwigs XIV. schuf. Zur selben Zeit hatte die formale Gartengestaltung auch Amerika erreicht, und von Williamsburg in Virginia verbreitete sich ein schlichter, geordneter Gartenstil über die Kolonien.

In England war während der Tudors und in der Elisabethanischen Zeit der Knotengarten überaus beliebt, im 17. Jahrhundert wurden dann alle möglichen seltsamen Kreaturen als Formgehölz erschaffen. Inzwischen strebte die Leidenschaft für Formgehölze in den Niederlanden ihrem Höhepunkt entgegen, und als Wilhelm von Oranien im Jahr 1688 den britischen Thron bestieg, brachte er eine extrem üppige Stilrichtung des formalen Gartens mit, die von den Wohlhabendsten der Insel kopiert wurde. Als Reaktion auf diese Exzesse wurde der Formschnitt schließlich förmlich hinweggeschwemmt, der Landschaftsgarten wurde lange Zeit bestimmend, frei von allem Gekünsteltem.

Mit dem 19. Jahrhundert begann allmählich ein Comeback der klassischen formalen Gestaltung. Die Viktorianer schufen in

Oben rechts In den ausgedehnten Parterres von Villandry im Tal der Loire in Frankreich umfassen Hecken Beete, die von bunten Blumen und Ziergemüse ausgefüllt werden.

Rechts Die Rekonstruktion der ursprünglichen Anlage aus Buchshecken, die von Archäologen beim römischen Palast in Fishbourne im englischen West Sussex entdeckt wurde.

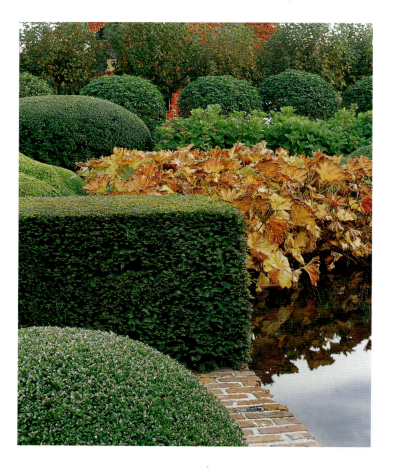

öffentlichen Parks und Gärten Parterres und bepflanzten sie mit allen erdenklichen bunten Rabattenblumen und Exoten.

Das heutzutage wieder erwachte Interesse an Formschnitt lässt sich auf mehrere Faktoren zurückführen. In den 1960er-Jahren fingen Gärtner in Amerika damit an, Schablonen aus Draht von Moos und Pflanzen mit kriechendem Wuchs überwuchern zu lassen. Ein weiterer Punkt für das Aufleben des Formschnitts war das wieder erwachte Interesse an formaler Gestaltung in den 1980er- und frühen 1990er-Jahren, verbunden mit dem Wunsch nach authentischen historischen Gartenanlagen. In dieser Zeit wurden in Großbritannien und auf dem Festland eine Reihe historischer Gärten unter großer öffentlicher Anteilnahme restauriert und das Gartenpublikum von einer Welle der Nostalgie erfasst. Die Verkaufszahlen von Buchsbaum schnellten in die Höhe, als überall Parterres und Knotengärten aufkamen. Erst Ende der 1990er-Jahre bremste eine virulente Form des Buchszweigsterbens den Trend.

Heute ist Topiary eher ein Mittel zum Ausdruck der eigenen Persönlichkeit als ein Statussymbol. Modernisten wie Piet Oudolf und Jacques Wirtz haben diese Kunst so weiterentwickelt, dass

Oben Formgehölze können in ganz unterschiedlichen Gärten verwendet werden, selbst an Wasserflächen. Die geometrischen Figuren hier passen gut zu den fließenden Linien des Wasserbeckens.

Rechts Zeitgenössische Gartendesigner verwenden mehr und mehr abstrakte Gehölzformen und grüne architektonische Elemente, mit denen sie optisch ansprechende Formen und Texturen schaffen.

sie mit zeitgenössischen Schauplätzen harmoniert. Zuweilen werden aber auch abstrakte Formen und sich auftürmende Wolkenformationen anstelle eher traditioneller Elemente verwendet. Man muss sich nur Jeff Koons' riesigen »Puppy« vor dem Guggenheimmuseum in Barcelona ansehen, um einen Eindruck davon zu bekommen, was inzwischen alles möglich ist.

In diesem Buch geht es um Formschnitt im weitesten Sinne, dazu zählen alle Arten von geschnittenem Grün, rasenbedeckte Erdgestaltungen und Strukturen aus Weiden ebenso wie Buchsspiralen und Eibenpyramiden. Einige Abschnitte befassen sich damit, wie man Topiary und grüne Architektur vereint und welche Stilrichtungen man kreieren kann. Außerdem findet man leicht nachzuvollziehende Schritt-für-Schritt-Anleitungen für viele Figuren und Formen. Zum Schluss werden einige der besten Pflanzen für Formgehölze beschrieben. Nicht zuletzt dank der reichen Bebilderung ist dieses Buch für jeden, der Formschnitt für seinen Garten sucht, eine Quelle der Inspiration.

Oben Der niederländische Gartendesigner Piet Oudolf schuf in seinem Garten diese wellenförmigen Hecken.

Unten Topiary bringt oft verblüffende Formen hervor, so wie hier diesen abstrakten Elefanten.

STILVARIANTEN

Bei der Suche nach einem Formschnittstil für den eigenen Garten können das Alter des Hauses und vorhandene architektonische Elemente wertvolle Hinweise liefern. Statt sklavisch einen für eine Epoche typischen Garten nachgestalten zu wollen, sollte man lieber bei der Geschichte Anleihen machen. So wäre zwar in einem viktorianischen Garten ein kunstvoll angelegtes Buchsparterre mit bunten Blumen möglich, doch wer klare, zeitgenössische Linienführungen bevorzugt, könnte die erforderliche formale Note durch schlichte geometrische Formen mit niedrigen, geschnittenen Einfassungen erzielen, die durch Elemente wie Kugeln und Kegel betont werden.

Die Anregung zu einem Formschnitt-Garten kann man sich im Urlaub, anhand von Illustrationen in einem Buch oder in einem Film holen. So mancher wurde von Versailles oder dem Zauber eines toskanischen Villengartens überwältigt. Andere erliegen dem stilisierten Naturalismus japanischer Gärten mit geschnittenen Azaleen und Kiefern im Wolkenschnitt.

Links Dieses Bild zeigt, wie wichtig unterschiedliche Stile von Formschnitt für die Stimmung und den Charakter eines Gartens sind. Diese Gestaltung greift auf die italienische Renaissance zurück.

Das grundlegende Design um ein oder zwei typische Elemente zu ergänzen ist oft praktikabler, als einen historisch authentischen Garten anzulegen. Möchte man beispielsweise in einem Vorstadtgarten einen Anflug von klassischem Altertum, so könnte man die Zufahrt mit Gehölzen in Form von einem Paar großer Spiralen in Terrakottatöpfen flankieren, den Garten mit hohen, geschnittenen Hecken in einzelne Bereiche gliedern oder ein rechteckiges Wasserbecken mit aufeinander abgestimmten Buchskugeln umgeben.

Viele Menschen wohnen heute in modernen Häusern. Das gibt ihnen die Freiheit, in jede gewünschte Richtung planen zu können. Ein Mix von traditionellen, geometrischen Formgehölzen und frei gestalteten passt gut in die Umgebung eines schlicht konzipierten Gebäudes. Einem nicht gerade aufregenden Haus und einem langweiligen Garten verleihen eine heckenartige Lindenreihe, die zu einer Bank führt, oder dreikugelige Hochstämme Extravaganz. Elemente wie Formgehölze als Riesentürme, gekrönt von einem Pfau, die beiderseits einer eher bescheidenen Einfahrt stehen, geben einem Garten etwas Exzentrisches. Liebhaber von Cottagegärten bevorzugen dagegen vielleicht eher als Hühner und andere Tiere gestaltete Formgehölze. Ob zeitgenössisch oder traditionell, mit Formgehölzen betont man das Design und setzt in einem Garten, dem es an einem Thema oder Stil mangelt, Blickpunkte.

Links Die formale Gestaltung betont die wesentlichen Punkte durch geometrische Formgehölze. So entsteht ein ordnendes Gefüge, das mit einer weniger strengen Bepflanzung gefüllt werden kann. Dieser Ansatz eignet sich sehr gut für zwanglose Landhausgärten.

Rechts In traditionellen japanischen Gärten schneidet man Immergrüne häufig in wellige Formen als Darstellungen von Naturlandschaft und Wolkenformationen. Hier erinnern sie an vom Wasser rund geschliffene Felsen – ein wundervoller Hintergrund für die überhängenden Äste einer Schwarzkiefer.

Ganz links Eine Reihe großer, geschnittener Kuppeln im Wechsel mit eleganten, mehrstöckigen Etagenformen betont die Abgrenzung dieses formalen Gartens. Die Exaktheit wird durch die sauber geschnittene Rasenkante unterstrichen.

Links Ein Paar rund geschnittener Formgehölze schafft eine formale Note für das Gartentor, das von üppigen Kletterpflanzen überwuchert wird.

DIE WAHL DES STILS

Klassische Topiaryformen und -strukturen liefern je nachdem, wie man sie kombiniert, ganz unterschiedliche Anblicke. Die Verbindung von Formschnitt und grüner Architektur mit anderen Pflanzen und Baumaterialien ermöglicht schier endlose Variationen, die den Charakter eines Gartens verändern.

Formschnitt-Pflanzen in Kübeln sind ein gutes Beispiel dafür, wie kleine Veränderungen die Wirkung beeinflussen. Buchsbaumkugeln in hohen, verzinkten Übertöpfen passen perfekt zu einem modernen, minimalistischen Design. Dieselben Pflanzen in verwitterten Tontöpfen beleben die Atmosphäre eines Landhausgartens. Pflanzt man sie in verzierte Terrakotta- oder Steintöpfe, setzen sie auf einer Terrasse im Renaissancestil schöne Akzente.

Man muss sich nicht stur an irgendwelche »Regeln« halten oder um historische Genauigkeit bemühen. Vielmehr lässt sich Formschnitt als nützliches Medium verwenden, um Elemente zusammenzubringen, die verschiedenen Zeitabschnitten oder Stilrichtungen angehören. Es gibt zum Beispiel keinen Grund, dass ein Hightechgarten in der Stadt kein Parterre haben sollte, in dem leuchtend bunte Glasscherben statt traditionellem Kies als Füllung dienen. Warum nicht organisches, dem Zeitgeist entsprechend geschnittenes Grün um ein altes Fischerhaus aus Stein? Solcherart Formschnitt in neuem Stil kann die freie Natur ringsumher widerspiegeln. Wenn man einen formalen Garten passend zu einem bestimmten Baustil plant, so kann man das nötige Ambiente schaffen, indem man ein paar grüne Schlüsselelemente setzt und etwa die Kanten von Rasen und Wegen einfasst, Höhenunterschiede betont und den Zugang zum Garten hervorhebt.

Wer sich für keine bestimmte Stilrichtung erwärmen kann, sich aber über Konventionen gerne hinwegsetzt, könnte seinem Garten mithilfe grüner Skulpturen eine unverwechselbare künstlerische Note geben und der eigenen Individualität Ausdruck verleihen, wie es begeisterte Liebhaber des Formschnitts schon seit Jahrhunderten getan haben.

Rechts Grund und Boden dieses weitläufigen Landguthauses liegt eine formale Gestaltung zugrunde, bei der die Wege von sacht geschnittenen Kegeln begrenzt und betont werden.

Renaissance

Die Gärten der italienischen und später der französischen Renaissance hatten maßgeblichen Einfluss auf die Gärten im übrigen Europa, und die wohlhabenden Schichten schufen Luxusgärten nur zu einem einzigen Zweck: um Eindruck zu erzielen. Die phänomenalen Gärten von Ludwig XIV. in Versailles verkündeten die Herrschaft des Königs über die Natur und waren in ihrer Größe so angelegt, dass sich der Besucher darin ganz klein vorkam und sie voller Ehrfurcht verließ.

Auch heute lassen sich geometrische Formen und Symmetrien dazu verwenden, um Größenverhältnisse so zu manipulieren, dass das Auge getäuscht wird und die Anlage viel größer erscheint, als sie ist.

In Renaissancegärten dienten Formgehölze wie Pyramiden und Kegel, Kugeln und Kuppeln, Säulen und Kolonnaden als wiederkehrende Elemente sowie dazu, das Grundmuster zu betonen und zu unterbrechen. In so strukturierten Gärten geht

Oben Einst waren Form und Balance dieser Eibenpyramiden makellos. Das hat sich mit der Zeit ein wenig geändert, doch ist der Einfluss der Renaissance immer noch unverkennbar.

Unten Der Garten dieser florentinischen Villa ist als Buchs-Parterre mit breiten Wegen angelegt, die von Statuen gesäumt werden.

der Reiz nicht von bunten Blumen aus. So setzte Sir George Sitwell, als er vor 100 Jahren seinen italienischen Garten in Renishaw Hall im englischen Derbyshire anlegte, ausschließlich weiße Blüten ein, damit man nicht von der grünen Architektur, den Statuen und Wasserflächen abgelenkt wurde.

Einige der Elemente, die man in den italienischen Perlen wie der Villa Lante und dem Palazzo Farnese findet, kann man sich in reduziertem Maßstab in kleinen Stadtgärten zunutze machen, zum Beispiel niedrige Hecken, mit denen man die Fläche in geometrische Bereiche mit Rasen, Kies oder Wasserflächen untergliedert. Kaum jemand hat so viel Platz, dass er die Anlage eines französischen Parterres nachbilden kann, doch kann man leicht eine verkleinerte Kopie anlegen oder eine sich wiederholende Rabatte entwerfen. Große italienische Terrakottatöpfe oder »Caisses de Versailles«, in denen Spiralen oder Hochstämme mit Kugel wachsen, sind ein akzeptabler Ersatz für klassische Statuen und geben dem eigenen Fleckchen einen Hauch von Großartigkeit, ohne den Geldbeutel zu sprengen.

Oben Die Wirkung von Renaissancegärten beruht auf der formalen, symmetrischen Gestaltung. Hier wird in einer modernen Interpretation dieser Prinzipien eine ähnliche Wirkung erzielt.

Unten Ein Brunnen als Mittelpunkt eines Stufengartens, der von Eiben aufgelockert wird. Ihr Schnitt spiegelt die Umgebung wider.

Landhausstil

Formschnitt ist ein Kennzeichen des klassischen Landhausgartens, in den sich diese Elemente vor dem Hintergrund von Staudenrabatten und Rosenbögen einfügen. Obwohl die Gestaltung in vielen Bauepochen formal ist, kann die Atmosphäre überraschend locker sein. Das legere Ambiente verdanken solche formalen Gärten oftmals alten Formgehölzen, die allmählich ihre makellose Form einbüßen; tatsächlich findet man wohl eher prächtige alte Ilex, Eiben und Steineichen *(Quercus ilex)* mit üppigen Formen als makellose Winkel, selbst wenn sie die Mauern des Anwesens widerspiegelten.

Alleen aus Lindenwänden oder hohe Hecken aus Hainbuchen verleihen einem Hauptweg eine etwas stärkere formale Note; auf größeren Anwesen lassen sich mit riesigen Zylindern oder Türmen aus geschnittenem Grün Wege schaffen, die den Blick weit in die Ferne lenken. Doch ist der Garten eines Landhauses letztlich weniger auf Show als auf Gemütlichkeit hin ausgelegt und vermittelt ein Gefühl von Behaglichkeit.

Um das zu erreichen, wird der Garten oft in kleinere, intimere Bereiche gegliedert, die jeweils von Hecken mit einem Bogen über dem Eingang umgeben sind. In jedem dieser Be-

reiche umrahmen niedrige Buchseinfassungen Sommerblumen und Kräuter. Kugeln und Kuppeln betonen den Plan der Anlage. Knotengärten werden selten mit der Präzision von Parterres in französischen Châteaus geschnitten, und häufig bestehen die verknüpften Windungen auch nicht aus getrimmtem Buchs, sondern aus Heiligenblume und strauchigem Thymian. Ein makelloser Schnitt passt oft überhaupt nicht zu verwitterten, schiefen Steinterrassen und Wegen mit Ziegelpflaster.

Oben Ein Parterre mit blühenden Tulpen vor bizarren alten Formgehölzen aus Eibe in Levens Hall, Cumbria.

Links Trotz der formalen Gestaltung, die durch geschnittene Hecken und Buchskugeln zusätzlich strukturiert wird, verbreitet dieser herrliche Landhausgarten eine ungezwungene Stimmung.

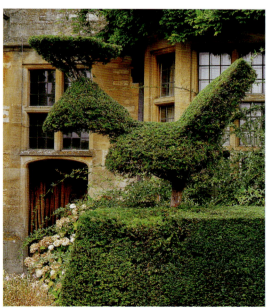

Links Die bühnenartige Gestaltung mit dem Fachwerkflügel des Hauses am Ende eines Durchblicks schafft einen Rahmen, der das Auge führt.

Unten links Seltsame Figuren, die aus der Hecke ragen, geben diesem Landhausgarten einen eigenen Charakter. Vögel und andere Tiere eignen sich für solche Zwecke besonders gut.

Unten rechts Ein friedlicher Platz, umgeben von grünen Wänden und mit Anklängen an die Arts-and-Crafts-Bewegung. Er öffnet sich und gibt den Blick auf Wasserfläche und Rosenbogen frei.

Cottagestil

Einige der bemerkenswertesten und auffälligsten Beispiele von Topiary findet man in Vorgärten im Cottagestil. Die Besitzer sind ganz stolz auf die einzigartigen, nicht selten überlebensgroßen Formen und Figuren, die sie erschaffen haben und pflegen. Das Haus und der handtuchgroße Garten wirken daneben ganz klein. Es lohnt sich, bei einer Fahrt übers Land darauf zu achten.

Neben den üblichen Tieren wie Eichhörnchen, Hähnen oder Pfauen stößt man oft auch auf ausgefallenere, Aufsehen erregende und witzige Formen wie Dampflokomotiven oder Drachen. Andere Gärten greifen Märchen- oder kindlich-naive Motive auf, zum Beispiel ein Hobbithaus aus Eibe mit einem Fasan auf dem Dach oder Blütensträucher wie Immergrünem Schneeball *(Viburnum tinus)* in Form überdimensionaler Pilze.

Oben Ein bezauberndes kleines Fenster mit Rahmen in einer Hecke, flankiert von zwei goldenen Hochstämmen. Solch eine Szene vermittelt eine schlichte Atmosphäre – typisch für Cottagegärten.

Links Eine Einfassung aus Zwergbuchs wurde mit einer Nische versehen, um einen Topf mit Blumen hervorzuheben. Solche Nuancen sind es, die Gärten zu etwas Besonderem werden lassen.

Rechts Eine strohgedeckte Laube bildet den Mittelpunkt dieses reizenden rustikalen Gartens, der von einer geschwungenen Buchenhecke geschützt wird.

Für solch eine Formschnitt-Show ist der Haupteingang der rechte Platz. Zuweilen sieht man Gartentore, flankiert von einem Paar gewaltiger Ilex, die den Eingang verwehren, und Hecken aus heimischem Weißdorn, die einen Bogen über dem Tor bilden.

In traditionellen Gärten führt ein gerader, schmaler Weg mit einer niedrigen Lavendel- oder Ysop-Einfassung zum Vorbau am Haus. Die Vordertür wird mit Hochstämmen, die aus Stecklingen oder Sämlingen herangezogen wurden, in schlichten Tontöpfen oder Holzkübeln verschönert. Besonders beliebt sind Pflanzen mit duftenden Blüten oder Blättern, zum Beispiel Rosmarin, Lavendel und Myrte. Man sieht aber auch immer wieder Efeu in Töpfen, der an einfachen Rahmen in Form eines Herzens oder eines Huhns gezogen wird.

Rechts Der stolze Hahn könnte das Vorbild für seinen grünen Doppelgänger gewesen sein, der den Eingang zum Hühnerhaus bewacht.

Japanische Gärten

Traditionelle japanische Gärten sind stilisierte, verkleinerte Nachbildungen von Naturlandschaften mit Gebirgszügen, Wasserfällen, Wäldern, Seen und Inseln. Farben findet man nur während kurzer jahreszeitlicher Episoden vor einem stetigen Hintergrund von Grüntönen.

Bäume und Sträucher werden häufig zurechtgestutzt, damit sie alt und von Wind und Wetter zerzaust wirken, denn Alter wird mit Weisheit gleichgesetzt. Schattige Ecken sind von dichten Moosteppichen besiedelt. Die Art und Weise, in der Trittsteine und Felsbrocken tief in die Erde eingelassen sind, tragen zu der Atmosphäre von Ruhe und Frieden bei.

In größeren Gärten stehen oft Kiefern mit Wolkenschnitt, die sich über das Wasser biegen, doch im Stil des »Karesansui«, der gemeinhin mit Zen in Verbindung gebracht wird, wird Wasser (das Element des Yin) durch geharkten Kies, Kiesel- und Pflastersteine dargestellt, wobei »Inseln« aus Felsgruppen das Element des Yang bilden. In naturalistischen Gärten kann der Boden um die Kiesfläche von organischen Formen aus geschnittenen immergrünen Sträuchern, zum Beispiel Azaleen, Japanischen Stechpalmen *(Ilex crenata)* und Buchsbaum umrahmt werden. In einem Hang wird eine Kaskade aus Felsen angelegt, das Fließen wird durch flache, vertikal liegende Steine angedeutet.

Was spricht dagegen, beispielsweise einen winzigen Hinterhof durch Bambuswände, Stein, Kies und Kübelpflanzen mit Wolkenschnitt in einen japanischen Garten zu verwandeln?

Oben Ein Zengarten im Stil des »Karesansui« mit einem Meer aus Kieselsteinen, Mooshügeln und immergrünen Sträuchern vor runden Findlingen, die das bergige Binnenland und die Ebene versinnbildlichen.

Links Charaktervolle Japanische Schwarzkiefern *(Pinus thunbergii)* lassen an eine wilde Gebirgslandschaft denken. Um das Bild zu vervollständigen, symbolisieren in natürliche Formen geschnittene immergrüne Sträucher von Felsen bedeckten Boden.

Oben Ein Baum mit Wolkenschnitt, der augenscheinlich aus einer Felsspalte wächst, ragt über das Wasser. Er verleiht der Szenerie etwas Zeitloses, und seine Form erinnert an eine alte, vom Wind zerzauste Kiefer.

Links Obwohl der Wolkenschnitt hier sehr stilisiert ist, kontrastieren die felsähnliche, kompakte Struktur und die natürliche Form perfekt mit der geschwungenen Dachlinie und dem Bambuswald.

Innenhöfe

Mit den richtigen Pflanzen, Dekor und einem plätschernden Springbrunnen verwandelt sich ein nackter Innenhof in eine grüne Oase. Geometrische Formgehölze wirken wie behauener Stein und schaffen in einem Umfeld, das von der Architektur dominiert wird, wunderbar ausdrucksvolle Effekte.

Auf Betonböden muss man die Formgehölze in Kübeln halten, was für die meisten Arten mit Ausnahme der Eibe gut möglich ist. Das Design lässt sich durch die Wahl des Kübels betonen, wobei von italienischer Terrakotta bis zum verzinkten Metall alles erlaubt ist. Kritischer Faktor in Innenhöfen kann das Licht sein, aber viele Pflanzen wie Buchs, Efeu und Ilex gedeihen auch im Schatten. Wegen der geschützten Lage lassen sich hier oft sogar empfindlichere Pflanzen ganzjährig im Freien halten.

Unten Ein formal gestalteter Hof mit Buchshecken und Mehrfachkugeln aus Buchs in Terrakottatöpfen, ein elegantes, schlichtes Werk.

Mit einem Paar von Formgehölzen in Kübeln kann man sehr gut den Eingangsbereich betonen, mit Gruppen unterschiedlicher Formen wie etwa Spiralen, lolliförmigen Kugeln auf Hochstämmen, stilisierten Vögeln und Kegeln lassen sich unschöne Ecken kaschieren. Außerdem kann man sie mit einjährigen und Zwiebelpflanzen in Töpfen kombinieren oder Fuchsien-, Schönmalven- oder Margeritenhochstämmchen dazustellen.

In einem Garten im Innenhof darf Wasser nicht fehlen. Auf beengtem Raum sind halbkreisförmige Becken mit erhöhtem Rand am besten. Darum herum setzt man eine niedrige geschnittene Hecke oder Zwergbuchskugeln in gleichen Töpfen. Schließlich nutzt man den engen Raum optimal aus, indem man an kahlen Wänden Pflanzen zieht. Mit Efeu kann man Gitter bekleiden. Wirkungsvoll sind auch an Spalieren gezogene Sträucher wie Feuerdorn *(Pyracantha)*, die wenig Platz benötigen.

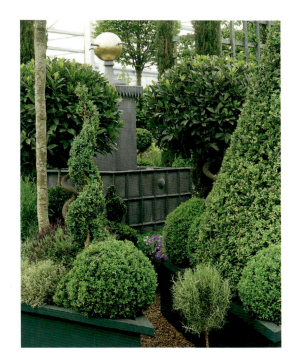

Oben Dieser Hofgarten verdankt seine Wirkung den kontrastierenden Formen der Formgehölze in Töpfen. Die goldene Kugel an der Spitze des Brunnens greift die Form der Buchskugeln auf.

Oben Durch Säulen und Hochstämme in Töpfen, die um eine Terrasse oder einen Innenhof gruppiert werden, schafft man Höhe und Spannung.

Unten Die kühne Symmetrie dieses ausnehmend schön bepflanzten Gartens wird durch die großen Kegel und deren kleine Ebenbilder in Töpfen unterstrichen.

Moderne Klassik

Manche geometrische Formen passen wegen ihres architektonischen Charakters ausgezeichnet in moderne minimalistische Gärten, die oft rechtwinklig angelegt sind. Das schlichte Design erzeugt eine wohltuend sanfte Atmosphäre.

Kuppeln, Kugeln, Pyramiden, Kegel und Blöcke sind die typischen Elemente in solch zeitgenössischen Gärten. In Form geschnittene Immergrüne erhalten für gewöhnlich den Vorzug vor Einjährigen und Stauden. Die Farbpalette beschränkt sich weitgehend auf Grüntöne sowie hier und da etwas Grau oder Bronze. Ansprechende Kombinationen mit Formgehölzen ergeben immergrüne Bodendecker, Ziergräser und Blattpflanzen wie Neuseeländer Flachs *(Phormium)* und Palmlilien *(Yucca)*. Zwei der Kennzeichen zeitgenössischer Gartengestaltung sind klare Linien und ein Eindruck von Raum und Weite. Es kommt deshalb darauf an, dass Formschnitt und grüne Architektur mit dem richtigen Gefühl für ihre Wirkung angelegt werden, insbesondere im Hinblick auf die Größenverhältnisse. Im Zweifelsfall gilt hier »Weniger ist mehr«.

Unbewegte Wasserflächen und andere spiegelnde Oberflächen wie Glas und poliertes Metall verschönen den modernen Formschnitt-Garten tagsüber, nachts rufen Punktstrahler, ja sogar farbige Scheinwerfer dramatische Wirkungen hervor.

Zuweilen wird Formschnitt auch dazu verwendet, am Ende eines Ausblicks einen Blickpunkt zu setzen, doch bevorzugt man Asymmetrien und die mathematischen Formen. Linien und Winkel sind das eigentlich Fesselnde. In Mode gekommen sind Formgehölze mit Wolkenschnitt, die Stadtgärten und Dachterrassen einen Hauch von urbanem Chic verleihen.

Links Durch eine sorgfältige Zusammenstellung von geschnittenem Grün und geometrischen Skulpturen einschließlich Kugeln in Töpfen erhält diese schlichte Anlage ihre Struktur.

Rechts In diesem äußerst originellen architektonischen Garten wurden mit geschnittenem Grün ansprechende Anordnungen von Formen und Texturen geschaffen, hier sind es Rechtecke aus Buchs mit Heiligenblume *(Santolina)*.

Oben Die Spiegelungen in den ruhigen Wasserflächen steigern die Wirkung dieses strukturierten Gartens in modernem formalem Design. Die Buchsquadrate greifen die Form des Spaliers an der Wand auf.

Oben Eine asymmetrische, aber dennoch ausgewogene Anordnung unterschiedlicher Formgehölze bildet die perfekte Ergänzung zu dem zeitgenössischen Haus und schafft eine Atmosphäre der Ruhe.

»New Wave«

Eine der radikalsten Entwicklungen der letzten Jahre im Formschnitt ist die Verwendung von fließenden, natürlichen Formen. Dieser Stil der naturalistischen Konturgebung ist in Verbindung mit klaren architektonischen Elementen wie Hecken, Wasserbecken und Mauern von Gebäuden besonders eindrucksvoll, wirkt aber auch gut in Form einer strukturierten Bodendecke in nicht so intensiv genutzten Teilen des Gartens.

Bei den wogenden, wolkenartigen Formen ist ein fernöstlicher Einfluss nicht zu verkennen. Diese Art des Formschnitts ist vielseitig verwendbar. Freude bereiten schon das Experimentieren und Sehen, was dabei herauskommt, und wer eine alte, etwas verwilderte Strauchgruppe oder verwahrloste Hecke hat, kann sich gleich daran versuchen. Um ein in Textur und Farbe einheitlicheres Aussehen zu erzielen, empfiehlt es sich allerdings, ganz von vorn anzufangen und nur eine Art, zum Beispiel Buchsbaum, gruppenweise zu pflanzen.

Man kann jede Pflanze für sich schneiden, üblich ist aber, die Pflanzen ineinander wachsen und so eine wellenförmige Oberfläche mit kleinen Hügeln und Tälern entstehen zu lassen. Anhänger dieser Art von Formschnitt haben sich auch auf Hecken, grüne Wände und andere dreidimensionale Strukturen mit abstraktem Profil spezialisiert. Obwohl die Form oft sehr stilisiert ist, lässt sich diese Kunst von Vorbildern in der Natur inspirieren, etwa von Wellen, Schneckenhäusern und sich windenden Ranken.

Eine weitere interessante Richtung, die sich bis in die Land-Art-Bewegung der 1960er zurückverfolgen lässt, beschäftigt sich damit, auf dem Boden mit Rasen bedeckte Motive aus Erde anzulegen. Am besten wirken solche Erdformen auf großen, offenen Flächen, ihre Gestaltung nimmt oft Bezug auf die umgebende Landschaft. Die Formen sind fließend und dynamisch, etwa eine einzelne gewundene Kammlinie oder eine Reihe wellenartiger Schwünge. Zu minimalistischen, rechteckigen Anlagen passen statische, geometrische Erdformen besser.

Bezug zur Land-Art haben auch Rasenlabyrinthe, sie gehen aber auf Symbole aus alter Zeit zurück. Auch solche Elemente sind zu beliebten Elementen von New-Age-Gärten geworden.

Links Buchs und Efeu rahmen die Wasserfläche wellenförmig ein, die runden Formen dahinter finden sich in den Kugeln auf der Dachterrasse wieder. Solch ein Stil mit fließenden Formen passt zu diesem Rahmen perfekt und umrahmt die minimalistische Architektur.

Oben links Die Mischung traditioneller und avantgardistischer Elemente kann sehr wirkungsvoll sein. Hier wurden klassische Hochstämme vor einen auffälligen, modernen Hintergrund gestellt.

Oben rechts Die sanfte Modellierung des Bodens schafft in dieser kleinen Sitzecke ein Gefühl der Umfriedung. Die gesamte Gestaltung ist von abstrakter Schlichtheit.

Links Eine moderne Interpretation eines Parterres mit Bögen aus geschnittenem Buchs im Wechsel mit farbigen Steinstücken.

Exzentrisch

Mit Formschnitt kann jeder so konventionell oder exzentrisch gestalten, wie er möchte. Tatsächlich ist es oft einfacher und bereitet mehr Freude, wenn man seinen eigenen Ideen folgt und nicht sklavisch genau einen Vogel oder einen Obelisken nachbildet. Und wenn die Figuren nicht gegenständlich sind, kann auch niemand beklagen, dass etwas nicht stimmt.

Im Hinblick auf die Motive sind keine Grenzen gesetzt, vom Menschen fressenden Hai aus einer Ligusterhecke über Feuer speiende Drachen bis hin zu Nessie aus dem Loch Ness ist alles möglich. In Green Animals im US-amerikanischen Rhode Island gibt es eine beeindruckende Menagerie von 21 Geschöpfen, darunter eine Giraffe, ein Elefant, ein Bär und ein Kamel in Lebensgröße. Nach solchen Formen dreht man sich natürlich um, umso mehr, wenn sie in einem gewöhnlichen Garten stehen.

Vorhandene Formen neigen dazu, sich weiterzuentwickeln, schief zu werden oder im Alter in die Breite zu gehen und die Gestalt, die sie einst hatten, zu verlieren. In Levens Hall im englischen Cumbria neigt sich eine ursprünglich mehrstöckige Eta-

genform nun elegant zur Seite. Alte Eiben- und Buchshecken werden manchmal so geschnitten, wie sie gewachsen sind, und bekommen seltsame Auswüchse, aber in manchen historischen Gärten sind die einzigartigen Heckenformen wohl überlegt, auch wenn die Anfänge längst in Vergessenheit geraten sind.

STILVARIANTEN **33**

Links Im Schatten lauert ein Drache aus geschnittenem Buchs, dessen Nüstern Rauch oder, genauer gesagt, Dampf entweicht.

Rechts Formgehölze neigen dazu, schief zu werden und sich mit der Zeit zu verändern. In Levens Hall im englischen Cumbria enthält die Sammlung einige besonders exzentrische Exemplare, etwa diese »Schichttorte« auf wackligem Fuß, die sich bedenklich zur Seite neigt.

Unten In Disney World in Florida scheint eine Riesenschlange aus Steineibe *(Podocarpus)* wie das Monster von Loch Ness im Wasser zu schwimmen.

GESTALTEN MIT TOPIARY

Formschnitt ist ein unglaublich vielseitiges Medium, unentbehrlich bei der Gartengestaltung und wenn es darum geht, schmückende, skulpturale Elemente, aber auch lustige Formen einzubringen, die es in der Natur nicht gibt. Die Wirkung beruht auf dem Kontrast zwischen der Künstlichkeit der Formgehölze und den natürlichen Formen um sie herum. Je nach den eigenen Vorstellungen kann das Ergebnis theatralisch und voller Spannung oder natürlich sein, wobei die formgeschnittenen Pflanzen wirkungsvolle Schatten werfen. Zusammen mit Wasserflächen oder Brunnen ergeben sich oft magische Wirkungen.

Außerdem lassen sich mit Formschnitt Muster und Gestaltungen ganz unterschiedlicher Komplexität sowie optische Rhythmen schaffen und vorhandene Elemente betonen. Schließlich kann man durch Formschnitt den Eindruck von Tiefe und Perspektive erzeugen und kleine Gärten, die ungünstig geschnitten sind, viel größer erscheinen lassen, als sie tatsächlich sind.

Links Die wundervollen Eibenpyramiden bilden ein markantes Element in diesem formalen Garten. Sie muten wie Befestigungsanlagen an, die die Hecke an der Grundstücksgrenze verstärken.

Geometrische Formgehölze können ähnliche Funktionen übernehmen wie Backsteine und Mörtel oder Steinmauern. Sie sind zwar auch von Menschenhand erschaffen, passen aber viel besser in den Garten als Mauerwerk und können daher in der Regel großzügig verwendet werden, ohne dass die Gefahr besteht, dass der Garten leblos wirkt. Es gibt Gärten, die ganz auf Formschnittstrukturen und -muster setzen und dennoch sehr wohl die Balance zwischen den massiven, geschnittenen Formgehölzen und den frei wachsenden Blumen und Blattpflanzen wahren.

Mit grüner Architektur lassen sich Gartenräume und Bereiche mit eigenem Charakter und besonderer Funktion schaffen, zum Beispiel Terrassen und Wasser- oder Gemüsegärten. Mit dem richtigen Geschick kann man beeinflussen, wie das Grün rund ums Haus wahrgenommen wird. Man kann Aussichten und Sichtlinien schaffen, die den Blick auf besondere Highlights in der Anlage oder außerhalb davon lenken und zugleich unschöne oder störende Aspekte verdecken. Bögen und Tunnel steigern die Spannung beim Übergang von einem Gartenbereich in den nächsten, und fensterähnliche Öffnungen gestatten verlockende Blicke auf die andere Seite.

Die folgenden Abschnitte behandeln einige der Hauptprinzipien der Gestaltung mit Formschnitt und grüner Architektur und geben Planungshilfen für den eigenen Garten.

Links In diesem gemütlichen Landhausgarten blüht in einem Buchsrund eine Fülle von Sommerblumen. Die Struktur des Gartens, die von Formgehölzen und Einfassungen bestimmt wird, tritt im Winter klar zutage.

Rechts Ein langes, schmales Buchsparterre mit Kegeln und Kugeln darin erstreckt sich zwischen einer formalen Hecke und einem Weg aus Ziegelpflaster. Trotz der wenigen Blumen verwandelt es dank seiner gefälligen Form diesen stillen Provinzgarten.

Ganz links Formale Eibenhecken, an zentralen Punkten als markante Sockel gestaltet, umschließen Bereiche des Gartens.

Links Hier lockern mit Überlegung angelegte, von Buchs eingefasste Bereiche und eine reichhaltige Wandbepflanzung den Übergang vom Haus zum Garten auf.

FORM UND FUNKTION

Gartengestaltung vereint ästhetische und praktische Prinzipien, mit anderen Worten: Der Garten soll schön aussehen, aber auch ordentlich strukturiert sein. Eines der Schlüsselelemente für beide Ziele ist grüne Architektur, also Formschnitt und Hecken.

Gewachsene Architektur beinhaltet Mauern, Säulen, Bögen und Zufahrten, aber auch Skulpturen. Diese Elemente ergeben sich quasi aus dem Grundriss und tragen dazu bei, verschiedene Bereiche im Garten voneinander abzugrenzen und Privatsphäre zu schaffen. Ohne sie wirken Gärten oft flach und konturlos, viel zu frei, ohne Tiefe und Struktur gebende Kontraste, vor allem im Winter, wenn die meisten größeren Stauden und Kletterpflanzen oberirdisch abgestorben und die Laub abwerfenden Gehölze kahl sind.

Selbst recht zwanglose, wenig förmliche Grundstücke, die weitgehend auf Blumen und Blattfärbung setzen, können durch ein paar richtig platzierte Formschnitt-Elemente gewinnen. Der klassische Cottagegarten ist ein besonders gutes Beispiel. Typischerweise liegen hier beiderseits eines Wegs in der Mitte Rabatten mit einer scheinbar zufälligen Zusammenstellung von Blüten, Kräutern und Gemüse, aber ein paar Formgehölze (darunter vielleicht auch ein Bogen mit geschnittenem Grün über dem Zugang) geben dem Ganzen eine feste Form und einen Plan und verbinden unterschiedliche Elemente des Gartens miteinander. In den Rabatten stehen einfache Formen aus Immergrünen wie Ilex und Eibe, während Wege und üppige Blumenbeete von ganz niedrigen Hecken aus Lavendel oder Buchs gesäumt werden können und die Anlage ruhiger wirken lassen.

In formalen Anlagen kann ein Großteil des »Gerüsts« des Gartens mit Formschnitt gestaltet werden, doch ist diese Vorgehensweise nicht auf traditionelle Gartenstile oder Stilepochen beschränkt. Viele zeitgenössische Gartengestalter arbeiten mit geometrischen Formgehölzen und formalen Hecken in minimalistischen oder avantgardistischen Anlagen, deren Wirkung auf klaren Linien und Formen beruht, die mit offenen Flächen in Form von Rasen, Wasserflächen oder Pflastern kontrastieren.

Rechts Beim Blick hinunter in diesen ruhigen, grünen Innenhofgarten zieht einen das klare Bodenmuster in den Bann.

Konturen

In einem Garten mit formaler oder geometrischer Anlage können Formen und Muster ebenso wie verschiedene Ebenen durch geschickt platzierte Formgehölze und niedrige Einfassungen hervorgehoben und betont werden.

Mit niedrigen, geschnittenen, immergrünen Hecken aus Buchsbaum, Japanischer Stechpalme (*Ilex crenata*), *Ilex vomitoria*, Heiligenblume (*Santolina*), Lavendel oder, wenn es panaschiertes Laub sein soll, Sorten des Spindelstrauchs (*Euonymus fortunei*) lassen sich ganz unterschiedliche Elemente umrahmen und abgrenzen.

Das Ergebnis kann vor allem dann sehr eindrucksvoll sein, wenn die Beete kahl sind – also im Winter oder kurz nach der Neubepflanzung –, und es dauert nur ein paar Jahre, bis die Pflanzen der neuen Hecke zu einer ansehnlichen Reihe zusammengewachsen sind. Mit Formschnitt kann man Wege, gepflasterte Bereiche, Flächen mit farbigem Schotter, formale Wasserbecken und Rasen abgrenzen. Und warum sollte man nicht,

Oben Diese eindrucksvolle Treppe wird durch Eiben und Buchs, deren Schnitt an behauenen Stein denken lässt, noch mehr betont.

Oben Zueinander passende Buchskugeln und -kegel auf dem Rasen beiderseits des langen, geraden Wegs geleiten den Besucher zur Eingangstür.

wenn man einen Küchengarten dekorativ gestalten möchte, einen Potager mit mehreren Beeten anlegen, die von niedrigen, immergrünen Hecken umrahmt werden?

Wo sich zwei Wege treffen, kann man den Knotenpunkt hervorheben, indem man die Ecken mit kleinen Pyramiden oder kuppelförmigen Verzierungen betont, die man als separate Pflanzen in den Ecken aufstellt oder aus der Hecke selbst formt.

Formgehölze eignen sich dazu, unterschiedliche Ebenen zu betonen, beispielsweise das obere und untere Ende einer Treppe. Formgehölze in Töpfen oder ausgepflanzt kennzeichnen auch den Übergang von einem Gartenbereich zum anderen, zum Beispiel von der Terrasse zum Zierrasen, zu den Blumenbeeten oder in naturnahe Bereiche. Hohe, schlanke Formen wie Säulenzypressen und Eibenpyramiden setzen Ausrufezeichen, in langen Reihen gepflanzt entsteht eine Allee. Im Halbkreis gesetzt betonen dieselben Pflanzen beispielsweise den Bogen eines formalen Wasserbeckens.

Oben Hochstämme aus goldgelbem Japanischem Spindelstrauch, die die Gestaltung der Torpfosten aufgreifen und von niedrigem Buchs eingefasst sind, betonen diesen formalen Eingang.

Links Hinter den Buchskegeln und dem Sockel einer Sonnenuhr lassen mächtige Eibenzylinder einen schmalen Durchgang. Sie verbergen den übrigen Garten und erzeugen eine mystische, Neugierde weckende Atmosphäre.

Eingänge

Formschnitt dient oft dazu, Türen, Tore und Eingänge in den Garten zu markieren oder zu betonen, aber auch dazu, verschiedene Bereiche im Garten voneinander abzutrennen.

Am einfachsten stellt man ein Paar Formgehölze in Töpfen rechts und links der Haustür auf. Ganzjährig im Freien bleiben können Kugeln und Spiralen aus Buchsbaum sowie lolliförmige Hochstämme von Buchsbaum, Ilex, Lorbeer, Delavays Liguster *(Ligustrum delavayanum)* und, in milden Lagen, auch Myrte. Bei der Wahl dieser Wächter muss man sorgfältig vorgehen, denn schon geringe Unterschiede in Höhe, Form oder Wuchs fallen ins Auge. Ilex und Lorbeer eignen sich gut für größere Eingänge, da der Stamm auch bei höheren Pflanzen nicht durch Stäbe gestützt werden muss. Als Blütensträucher am Eingang eignen sich Immergrüner Schneeball *(Viburnum tinus)*, Kamelien, Sorten der Rispen-Hortensie *(Hydrangea paniculata)* oder, in ganz milden Gebieten, Neuseelandmyrte *(Leptospermum scoparium)*. Die Töpfe sollten regelmäßig gedreht werden, da die zum Haus weisende Seite der Pflanze sonst aus Lichtmangel verkahlt.

Mit Eiben, Ilex, Steineichen, Feuerdorn, Hainbuchen und anderen Gehölzen, die ausgepflanzt werden, kann man größere architektonische Strukturen anlegen. Beispielsweise könnte der Eingang durch ein grünes Vordach, einen Bogen oder paarweise frei stehende, grüne Säulen, geschnittene Pfeiler oder Streben noch mehr herausgestellt werden.

Oben Zwar ist diese von der Klassik inspirierte Veranda tatsächlich nur ein geschicktes Trompe-l'Œil, doch wird die Illusion von Tiefe noch durch die Buchskegel am Eingang verstärkt.

Links Die eindrucksvollen Eibentürme, die kein perfektes Paar ergeben, wirken wie Befestigungsanlagen und markieren den Übergang vom formalen Garten in die natürliche umgebende Landschaft.

Durchgänge in einer geschnittenen Hecke kann man betonen, indem man die angrenzende Hecke so schneidet, dass sie an Pfosten erinnert oder auch an Wände. Torpfosten sollten klar umrissen sein und können als große Walzen oder Türme durchaus vor die Hecke reichen. Eine andere Möglichkeit, immergrüne Säulen und Pfosten hervortreten zu lassen, bieten unterschiedliche Laubfärbungen, beispielsweise goldgelber Ilex vor einer dunkelgrünen Ilexhecke.

Es macht Spaß, Eingänge mit Elementen zu planen, die ins Pompöse spielen. So könnte man eine Hecke als eine Art Steinbogen anlegen, auch wenn das Tor dazu eher von bescheidener Größe ist, und die Hecke mit einem Paar Etagenformen, stilisierten Pfauen oder gar Wappenadlern abschließen, die dem Ganzen etwas Theatralisches verleihen.

Rechts Stärker wachsende Pflanzen wie Buche oder Koniferen lassen sich leicht zu Torbögen heranziehen.

Unten Sich verjüngende Eibensäulen betonen eine Metallbrücke.

Unten rechts Die Zweige um diese steinerne Eichel sind sorgfältig so geschnitten, dass diese mit der Hecke eine Einheit bildet.

Formgehölze und Landschaft

Es ist überaus sinnvoll, die Beziehung zwischen dem Natürlichen und dem Nützlichen auszuloten. In einem formalen Garten lassen sich bemerkenswerte Effekte erzielen, indem man perfekt geschnittene Formgehölze einschließlich Hecken und grüne Wände mit naturbelassenen Bereichen benachbart.

Wenn der Garten direkt an die freie Landschaft grenzt, gibt es wahrscheinlich sehr viele Möglichkeiten, den Hintergrund in Szene zu setzen. Man kann zum Beispiel Formgehölze in einer Reihe an der Grundstücksgrenze platzieren oder dort eine Hecke mit einem Abschluss anlegen und so eine scharfe Grenze zwischen dem von Menschenhand geschaffenen Garten und den Feldern und Wiesen außerhalb ziehen. Eines der besten Beispiele für solch einen Gegensatz kann man bewundern,

wenn man von den oberen Terrassen der Mapperton Gardens im englischen Dorset hinunterschaut. Von diesem Aussichtspunkt breitet sich vor einem der im Talgrund angelegte formale Garten aus, in dem große Formgehölze ein langes, rechteckiges Wasserbecken säumen. Dort, wo das Tal wieder ansteigt, scheint es zwischen dem streng architektonisch angelegten Teil und dem Hintergrund mit den sanft geschwungenen Hügeln keine Grenze zu geben, ein perfektes Beispiel für das Kompositionsprinzip der »borrowed landscape«, der »geliehenen Landschaft«. Die Konzeption in Mapperton ist auch deshalb so gelungen, weil die Eiben, die den Garten um das Wasserbecken säumen, die Form wild wachsender Bäume in der Umgebung aufgreifen.

Auf einer größeren Fläche könnte genug Platz für einen naturnahen Garten sein, in dem sich einheimische Arten ansiedeln. In reizvollem Kontrast dazu könnten sich gemähte Wege schlängeln, doch mehr Struktur und eine interessantere Sze-

Oben Im Winter zeigt sich das faszinierende Wechselspiel zwischen der exzentrischen Buchs-Gruppe und den Gehölzen im Hintergrund.

Links Natur versus Kultur: eine Blumenwiese vor einer geschnittenen Buchshecke mit krönenden Verzierungen.

nerie ergäben sich, wenn man den Garten mit einer dunklen, formalen Hecke einfriedet. Solch eine Hecke liefert zugleich einen Hintergrund, vor dem Blumen und Früchte besser zur Geltung kommen. Als Alternative bietet sich an, zwei oder drei große Formgehölze als Figuren ins hohe Gras zu stellen, wobei man die Fläche am Fuß der Figur von Rasen freihält.

Den Übergang von einem Gartenbereich zum nächsten kann man durch verzierte Eingänge, die in formale Hecken geschnitten werden, oder durch Torpfosten aus Formgehölzen markieren. Solche Elemente erinnern an alte Herrenhäuser und machen aus einem gewöhnlichen Vorstadtgarten etwas Besonderes.

Links Verwilderte Alpenveilchen wirken zwanglos, doch ist der Einfluss des Menschen dank der Formgehölze nicht zu verkennen.

Unten Die sanften Hügel im Hintergrund liefern den perfekten Rahmen für den Wassergarten in Mapperton, Dorset, England.

Tiefenwirkung

Mit Formgehölzen lassen sich Sichtlinien sozusagen Schicht um Schicht aufbauen. Der Vorgang ist vergleichbar mit dem Aufbau eines Bilds oder einer Bühne, wo es darum geht, auf kleinem Raum einen Eindruck von Tiefe zu erzeugen.

Es ist einfacher, bei einer asymmetrischen Anordnung mit der Perspektive zu spielen als bei einer, bei der alles um eine zentrale Achse aufgebaut ist. Indem man für den Vorder-, Mittel- und Hintergrund gegensätzliche Formen und Gruppen überlagert, kann man Perspektiven schaffen und den Blick über die Grenzen des Gartens lenken. Diese Technik, die im Englischen »borrowed landscape«, im Japanischen »shakkei« heißt, beruht darauf, dass die Grenzen so verschleiert werden, dass die umgebende Landschaft oder bestimmte Elemente (etwa ein alter Baum oder ein Kirchturm) Teil des Gartens zu sein scheinen. So wirkt der Garten viel größer und die Aussicht viel interessanter.

Eine andere Möglichkeit, eine falsche Perspektive zu schaffen, besteht darin, dieselbe Form mehrfach an Schlüsselstellen zu verwenden. Dabei sind die Objekte, die dem Betrachter am nächsten sind, am größten und werden zum Ende des Gartens hin immer kleiner. Eine ähnliche Technik lässt sich auch in Gärten mit einem Weg in der Mitte anwenden. Die beste Wirkung erzielt man, wenn die Aussicht immer wieder teils verdeckt wird und der Garten sich dem Betrachter erst nach und nach in dem Maße offenbart, wie dieser voranschreitet.

Im Garten des verstorbenen Piet Bekaert, mitten auf dem Land in Belgien, steht das Haus dieses Künstlers im Zentrum einer faszinierenden geometrischen Anlage. Hier findet sich eine außergewöhnliche Ansammlung verschiedener Elemente, darunter Wasserbecken, eine Pergola, Hecken, Formgehölze, Bäume und geschnittene organische Formen. Sie alle verbinden sich zu einem vielfältig strukturierten Garten mit verlockenden Blicken auf die umliegenden Felder. Die Wirkung beruht fast ausschließlich auf Perspektiven und den Beziehungen zwischen den verschiedenen Formen und nicht auf bunten Blumen.

Oben Scharf geschnittene Hecken beiderseits des Weges wirken wie Kulissen und verhindern, dass das Auge bis in die hinterste Ecke sehen kann.

Oben Hohe Eibenpyramiden betonen die Perspektive in diesem Garten. Sie scheinen zum Hintergrund hin nach und nach immer kleiner zu werden.

GESTALTEN MIT TOPIARY 47

Oben Die unterschiedliche Größe und Gestalt sowie die Kombination von grünen und goldgelben Formgehölzen verleihen dem Garten mehr Tiefe.

Links Die geschickte Anhäufung und mehrschichtige Pflanzung von Formgehölzen und Hecken schaffen in dem schmalen Stück zwischen dem Haus und der Grenze den Eindruck von Tiefe.

Spiegelbilder

Formschnitt ist ein so vielseitiges Medium, dass sich damit alle Arten von architektonischen oder skulpturalen Elementen nachahmen lassen. Ziel ist es, die Aufmerksamkeit des Betrachters durch etwas Originelles zu gewinnen und den Blick nach Möglichkeit auf andere bedeutende Dinge im Garten zu lenken.

Zu den Objekten, die es lohnt nachzuahmen, zählen kunstvoll gestaltete Schornsteine, Abschlüsse auf Pfosten sowie Skulpturen, Obelisken oder Vasen. Auch ein Gebäude in der Nähe oder eine Mauer könnte man als Krone auf einer geschnittenen Hecke, als Reihe von Bögen oder in Form einer Kolonnade aus Leylandzypresse (x *Cupressocyparis leylandii*) nachahmen.

Bei kulturhistorischen Gebäuden oder solchen mit Besonderheiten aus einer bestimmten Epoche findet man oft einzelne Elemente, deren man sich bedienen kann. So gibt es etwa gotische Fensterbögen im Hauptgebäude oder im Sommerhaus und schließlich in der Hecke an der Grenze, wo sie den Blick auf die umliegenden Felder freigeben. Auch Muster, wie das Rauten-

Oben Säuleneiben, so geschnitten, dass sie den eleganten Bogen an der Vorderseite der Figuren widerspiegeln, vor dem kontrastierenden Hintergrund einer Buchenhecke im Herbstlaub.

Unten Im stimmungsvollen Elsing Hall in Norfolk, England, stehen nicht weniger als 64 Eibenpyramiden rund um einen zentralen Obelisken.

Oben Ein steinerner Affe betrachtet sein mit freier Hand geschaffenes Gegenüber aus Buchsbaum.

muster alter Bleifenster, Rankgitter oder Ziegelpflaster sind es wert, kopiert zu werden, etwa in einem schlichten Parterre oder in einem Zickzackmuster aus Efeu als Verschönerung einer Mauer. Ein wenig wunderlich mag es erscheinen, wenn man eine Skulptur ihrem exakten Ebenbild gegenüberstellt. Am einfachsten ist es, einen passenden Rahmen aus Metall anfertigen zu lassen. Dann muss man sich über Formen und Proportionen nicht den Kopf zerbrechen. In den seltensten Fällen wird man das ganze Stück mit einem einzigen Formschnitt hinbekommen, meist muss man in Etappen vorgehen.

Das Spiegelbild muss nicht vollkommen exakt sein, und manchmal muss man sich mit einer ungefähren Nachahmung, vielleicht auch im verkleinerten Maßstab, begnügen. Ein weites Feld bietet auch die moderne Architektur. So könnte man neben einem A-förmigen Haus eine Reihe großer Pyramiden aus Eibe, Buche oder Hainbuche errichten, die genau denselben Winkel wie das Hausdach aufweisen. Um ein Gewächshaus in Form einer Kuppel könnte eine surreale Landschaft von Formgehölzen entstehen, und in einem ländlichen Garten könnte ein Imker Bienenkörbe aus geschnittenem Buchsbaum aufstellen.

Oben Formgehölze und grüne Architektur spiegeln oft die Form benachbarter Gebäude wider. Hier ist die Ähnlichkeit zwischen den Eibenpyramiden und dem ziegelgedeckten Dach augenfällig.

Unten Gleich überdimensionalen Schachfiguren stehen diese Formgehölze aus Buchs zu beiden Seiten des steinernen Originals.

Hervorheben

Geschnittenes Grün lässt sich gut mit der Bausubstanz kombinieren und kann dazu beitragen, manche Formen zu bekräftigen und Eingängen und anderen Elementen mehr Substanz und Gewicht zu verleihen. Wer also großartige Designideen und theatralisches Flair anstrebt, aber nur über begrenzte Mittel verfügt, braucht lediglich Geduld und Gartenscheren.

Ausschweifend theatralische Beispiele für eine solche Architektur findet man in hochkarätigen Gärten. In einem davon wurde eine Fassade, die dem Eingang zu einer antiken Gruft nachempfunden ist, durch emporstrebendes »Mauerwerk« aus Eiben und immergrüne »ägyptische« Pyramiden noch eindrucksvoller gestaltet. Übertragen auf häusliche Verhältnisse wäre zu überlegen, ob man, anstatt einen Vorbau über der Vordertür zu mauern, einen solchen nicht lieber aus Hainbuche oder Eibe zieht, die man über ein Metall- oder Holzgerüst wachsen lässt.

Niedrige Mauern an der Grenze des Grundstücks können durch eine dahinter wachsende Hecke an Ausmaß, Höhe und Format gewinnen. Die Hecke wird dann oberhalb der Mauer und parallel zu ihr sauber geschnitten, oder man lässt die Hecke über die Mauerkrone wachsen und schneidet sie geschwungen.

Als zusätzlichen Schmuck könnten solche Kombinationen formaler »Heckenmauern« mit einem Abschluss gekrönt werden. In einem eher legeren Umfeld könnte zum Beispiel die Oberkante der Hecke wellenförmig geschwungen verlaufen. Bei einer Neuanlage könnte man eine Mauer bauen, die in regelmäßigen Abständen Brückenbögen aufweist, und die Zwischenräume mit formalen Hecken füllen. Die Hecke würde dann mit den Bögen auf gleicher Höhe abschließen oder sich zwischen den Säulen herabsenken.

Oben Ohne die dunkle Eibenhecke im Hintergrund ginge die Form dieses schlanken Abschlusses unter.

Links Um eine niedrige Mauer optisch zu erhöhen, wurden die Eiben davor so geschnitten, dass sie an Steinmauern erinnern.

Zuweilen kann man einen architektonischen Ausgleich durch Formgehölze schaffen, die fehlende Elemente ergänzen. So »stützen« in Arley Hall im englischen Cheshire mächtige Eibenpfeiler mit Stufen und Bögen eine Mauer aus roten Ziegeln. Die gegenüberliegende Wand aus Eiben spiegelt die Struktur wider, und beide Seiten bilden einen idealen Hintergrund für das paarweise angelegte Staudenbeet. Im kleineren Rahmen könnte man eine Holzbank im Garten durch verschnörkelte Armlehnen in eine Sitzgelegenheit im lutyensschen Stil verwandeln.

Oben Falsche Stützbogen aus Eibe scheinen der Ziegelmauer Halt zu geben und verleihen der Staudenrabatte mehr Substanz.

Rechts Verschiedene Ilex, so geschnitten, dass sie die Mauer überragen, »stärken« die Absperrung gegen die aufragenden Eiben.

Texturkontrast

Einer der anregendsten Aspekte der Gestaltung mit Formschnitt ist die Art und Weise, wie man sich die Unterschiede zwischen natürlichen, nicht geschnittenen Formen einerseits und kunstvoll geschnittenen andererseits am besten zunutze macht.

Außer bei einem Garten mit klaren Linien und minimalistischem Layout wird es immer einen Gegensatz zwischen dem geschnittenen Grün und der eher unregelmäßigen Form von Blüten und Blättern geben. Eine besonders ansprechende Zusammenstellung ergibt sich aus einer formalen Hecke, über der die Zweige eines Baums oder eines großen, blühenden Strauchs hängen. Eine dunkle, fein texturierte Hecke, etwa aus Eibe, bildet vor einem Staudenbeet als »grüne Mauer« einen idealen Hintergrund, um die Details von Blättern und Blüten hervortreten zu lassen. Einen anderen Gegensatz findet man in Elvaston Castle im englischen Derbyshire. Hier wurden mehrere Formgehölze nur halb und halb geschnitten. Das ergab sich so, als die Gärtner feststellten, dass die Leitern nicht mehr bis oben in die riesigen goldgelben Eiben reichten. Deshalb ließ man die oberen Teile natürlich weiterwachsen, sodass nun die Äste wie Flammen oben aus der Pflanze schlagen.

Oft fängt man damit an, Formschnitt zu betreiben, ohne es zu merken, indem man hier und da von Sträuchern ein wenig abknipst und sie in Kugel- oder Kuppelform bringt. Erinnert der natürliche, unregelmäßige Wuchs an Tiere oder Wolken, kann entsprechend nachgeholfen werden. Die Kunst besteht darin, zu wissen, wann man aufhören muss, sonst hat man zum Schluss einen Garten voller Skurrilitäten, in dem der Schnitt jeden Strauch in ein nichts sagendes Etwas verwandelt hat. Ist der Boden dazwischen nackt, gibt es vor dem öden Anblick kein Entrinnen.

Besonders gut für den Schnitt eignen sich kleinblättrige Immergrüne, vor allem solche mit dichtem, rundem, kegel- oder säulenförmigem Wuchs. Zu den Sträuchern, die man in Rabatten oft findet, gehören Spindelstrauch (Euonymus fortunei) und Sorten von *E. japonicus*, Ilex, kleinblättrige Strauchehrenpreis (Hebe), Lavendel und Heiligenblume, Duftblüte (Osmanthus x burkwoodii), Strauchheckenkirsche (Lonicera nitida 'Baggesen's Gold') und kleinblättrige Zwergmispel (Cotoneaster).

Rabatten, die mit dicht wachsenden Formgehölzen und lockeren, frei wachsenden Pflanzen bestückt sind, wirken sehr ansprechend. Farbe ist beinahe zweitrangig, und es ist hilfreich, wenn man sich bei der Planung vorstellt, wie das Ganze in Schwarz-Weiß aussähe. Auffällige Formgehölze wirken gut mit runden Formen, während zarte Blüten und feines Laub Formgehölze noch mehr wie in Stein gehauen wirken lassen.

Links Lavendel füllt die Zwischenräume in diesem makellos geschnittenen Parterre de Broderie und betont die an Stein erinnernde Beschaffenheit der Buchsformen.

Rechts Hinter dem geschwungenen Parterre auf dem Anwesen von Elvaston Castle in Derbyshire, England, kontrastieren die geschnittenen Teile der goldgelben Eiben in ganz auffälliger Weise mit den frei gewachsenen Bereichen.

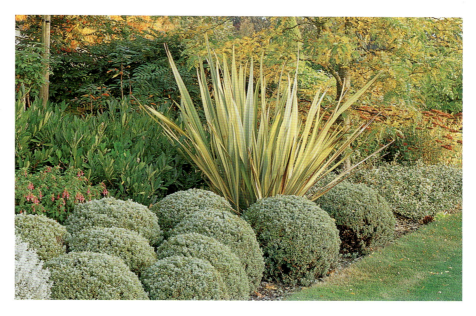

Oben Durch den Schnitt dieses Exemplars von *Euonymus fortunei* 'Silver Queen' hat sich der Kontrast zwischen den Pflanzen verstärkt.

Oben Eine gleichförmige Gruppe von Kugeln aus Strauchehrenpreis mit einem Neuseeländer Flachs *(Phormium tenax)* als markantem vertikalem Akzent verleiht dieser Rabatte eine zeitgenössische Note.

Ganz links Ein Schachbrett aus Steinquadern und geschnittenem Moos in einem japanischen Zengarten.

Links Buchs in vielgestaltigen Blöcken bedeckt einen schattigen Hang am Château de Breteuil in Frankreich.

BODENMUSTER

Zu den eindrucksvollsten Formen von Formschnitt, mit denen man einen lebendigen Hintergrund schafft, zählen auf dem Boden angelegte Muster in Gestalt von Kurven, Spiralen und anderen klassischen geometrischen Figuren. Am besten wirken sie von einem erhöhten Blickpunkt aus.

In japanischen Gärten sieht man zuweilen schachbrettartig angelegte Muster aus grünen Quadraten im Wechsel mit Pflaster oder Kies. Dort wird meist zurechtgestutztes Moos verwendet, aber eine Anzahl immergrüner Sträucher eignet sich hierfür ebenso gut. Bei einer grün in grün gehaltenen Anordnung von offenen Rechtecken aus Buchs auf Rasen sind es lediglich Licht und Schatten, die die Strukturen hervortreten lassen und betonen. Doch solche schlichten Formen reichen nicht entfernt an die extravaganten Parterres de Broderie der französischen Schlösser heran. In einer zeitgenössischen Umgebung könnte man Pflanzen in identischen Töpfen sehr wirkungsvoll auf einem Schachbrettmuster aus gepflasterten Quadraten, die durch Kies voneinander getrennt sind, oder in Aushöhlungen in der Mitte grüner Topiaryblöcke platzieren. Oder man legt ein Mäandermotiv als Rabatte um ein schlichtes Wasserbecken an.

Nicht so strenge, eher frei fließende, komplexe Formschnitte wie fein geschnittene, oben gekappte Kringel und Spiralen wirken am besten mit einem kontrastierenden Hintergrund aus feinem Kies, Schotter, farbigen Steinstücken und gebrochenem Glas. Wo allerdings Topiary dicht gedrängt steht, ist ein Bodenmuster selten notwendig. Am Château de Breteuil bei Paris kann man ein Mosaik vielfältigster Formen aus Buchs an einem schattigen Hang bewundern. Eine Bodendecke ist hier überflüssig.

Ein einfach zu erzielender Effekt ist der des Korbs mit Eiern. Man verwendet dazu geschnittene Kuppeln oder Kugeln: Manche Pflanzen bilden schon von Natur aus ohne viel Schnitt die nötige Form, zum Beispiel Heiligenblume (*Santolina chamaecyparissus*, *S. rosmarinifolia* subsp. *rosmarinifolia*), manche Sorten Lavendel (*Lavandula angustifolia*) und kleinblättriger Strauchehrenpreis (*Hebe* 'Red Edge', *H. topiaria* und *H. rakaiensis*).

Rechts Buchseinfassungen in geometrischem Design schaffen ein bemerkenswertes Bodenmuster. Symmetrisch angeordnete Etagenbäume am Eingang betonen den formalen Charakter.

Der Blick von oben

Ein Bodenmuster betrachtet man am besten von einer erhöhten Warte aus. Die komplexen, verschlungenen Knoten in den elisabethanischen Gärten wurden oft unterhalb der langen Galerie im Obergeschoss des Herrenhauses angelegt, sodass man sie vom Fenster aus bewundern konnte. Ebenso betrachtete man in den französischen und italienischen Renaissancegärten die komplizierten Parterres von erhöhten Terrassen und Wegen aus.

Blickt man von oben in den Garten, bekommt man eine völlig andere Perspektive. Es ist amüsant, Besucher zu überraschen, indem man Muster oder Symbole anlegt, die nur aus einem bestimmten Blickwinkel heraus zu erkennen sind. Der Turm in der Mitte des Gartens in Sissinghurst im englischen Kent lässt auf ungewöhnliche Weise die formale Gestaltung erkennen. Er regte den irischen Designer Jim Reynolds dazu an, eine kleinere Version in seinem eigenen Butterstream Garden in der irischen Grafschaft Meath zu errichten.

In einem modernen Stadt- oder Vorstadtgarten kann man ein Bodenmuster vom Schlafzimmerfenster oder dem Büro im ersten Stock betrachten. Vorgärten wirken oft flach und funktionell, wenn man auf sie herabblickt, solche nichts sagenden, geschotterten Parkflächen lassen sich aber beleben, indem man etwa einen kleinen Knoten oder ein Parterre anlegt. So ein attraktives, pflegeleichtes Gestaltungselement kann auch Ersatz für einen winzigen Rasen sein, der das Mähen nicht lohnt.

Muster müssen nicht symmetrisch sein. Man kann auch gefällige Formen aneinander reihen, etwa eine Kette von Inseln, die man aus der Luft betrachtet, ein Kurvenlineal, eine lang geschwänzte Spirale oder in weitem Abstand gesetzte geschnittene Kugeln oder Kegel in einem quadratischen Gitternetz.

Der Anblick einer mit Gras bewachsenen Böschung oder eines Hangs kann mithilfe niedriger, geschnittener, immergrüner Einfassungen verändert werden, in die man Pflanzen setzt, die sich davon abheben. In sonniger Lage könnte man *Ilex crenata* 'Golden Gem' verwenden und in die Mitte niedrigen Lavendel wie *Lavandula angustifolia* 'Hidcote' setzen, im Schatten *Buxus microphylla* 'Faulkner' mit grün und weiß panaschiertem *Euonymus fortunei* 'Emerald Gaiety', die auf gleiche Höhe geschnitten werden. Auf flachen Böschungen kann man Muster in den kurz gehaltenen Rasen einschneiden.

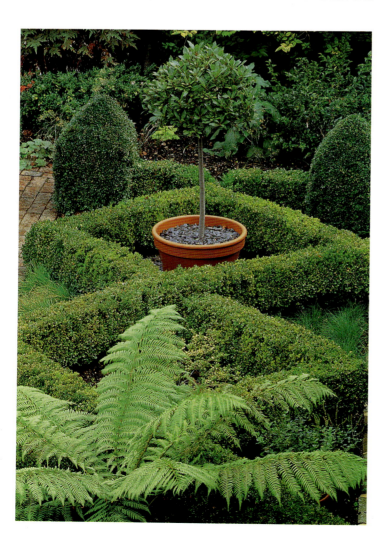

Links In einem Vorstadtgarten in London verschönert ein lang gezogener, schmaler Knotengarten in Rautenform den Ausblick aus den oberen Fenstern.

Rechts Die ausgedehnten Parterres von Château de Villandry in Frankreich: eine verwickelte Anordnung, deren Design durch die Bepflanzung mit leuchtend bunten Blumen hervorgehoben wird.

GESTALTEN MIT TOPIARY

Oben Das komplexe Muster eines Parterres lässt sich am besten von einer erhöhten Warte aus betrachten, sei es von einem Fenster weiter oben oder von einer erhöht gelegenen Terrasse aus.

Oben Dieses speichenförmige Design ließe sich auch in einem kleinen Garten verwirklichen, wo man es vom Balkon aus betrachten kann. Die Zwischenräume sind mit Kies oder Kräutern ausgefüllt.

Rhythmus und Wiederholung

Das Auge wird von regelmäßig angeordneten, wiederholt auftretenden Elementen angezogen, und von Menschenhand geschaffene Objekte heben sich deutlich von einem weicheren Hintergrund aus Blättern und Blüten ab. Eine Reihe von Objekten, zum Beispiel Formschnitt in Form von Säulen, Hochstämmen, Kugeln und Kuppeln, die in regelmäßigem Abstand angeordnet sind, lassen einen Rhythmus entstehen, der dem Garten etwas Dynamisches gibt. Efeu kann man als Girlande verwenden, die wiederkehrende Elemente als fortlaufendes, geschwungenes Band verbindet. Solche Elemente tragen dazu bei, einen Eindruck von Bewegung zu vermitteln, und leiten das Auge zu einem Blickpunkt. Ein klassisches Beispiel sind Baumreihen. Auf dem Anwesen von Prachtbauten und Herrenhäusern auf dem Lande findet man diese in zahlreichen Variationen wie Baumwänden und hohen, geschnittenen Walzen.

Verschiedene Heckenformen können ebenfalls als rhythmisches Element verwendet werden, etwa oben gewellte oder in regelmäßigen Abständen verzierte Heckenkronen. Hochstamm-Hecken und Kolonnaden haben dieselbe Wirkung, hier bilden die Stämme beziehungsweise die Säulen das rhythmische Element. Schließlich kann man in Hecken in regelmäßigen Abständen auch Nischen oder senkrechte Furchen ausschneiden.

Um einer Rabatte mehr Substanz und Struktur zu geben, kann man eine Reihe von Obelisken oder Kugeln auf Hochstämmen pflanzen. Ähnlich wirken bei geringerem Schnittaufwand Säuleneiben, Säulenzypressen und manche Wacholdersorten.

Unten Eine Baumwand bildet die Grenze um diesen tiefer liegenden Garten, dessen Design durch Buchskugeln bestimmt wird. Die Wiederholung der Kugelform wirkt beruhigend.

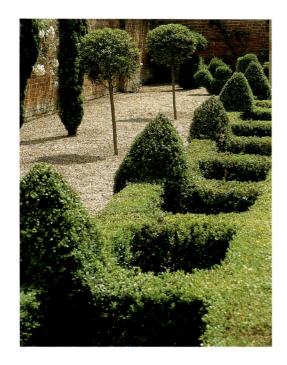

Oben Wiederkehrendes Muster in einer Buchshecke mit quadratischen Öffnungen und kegelförmigen Verzierungen und Ilex-Hochstämmchen.

Oben Kugeln aus Heiligenblume in einem geometrischen Muster und purpurfarbene Obelisken bilden ein auffälliges Element.

Unten Die Form der säuberlich angeordneten Eibenpyramiden am Weg gleicht der des Hausdachs im Hintergrund.

LICHT UND SCHATTEN

Natürliches Licht zaubert in Formschnittgärten eine ganz besondere Stimmung. An sonnigen Tagen, wenn die Schatten klar hervortreten und das Grün in der Sonne leuchtet, kommen die Formen so richtig zur Geltung. Im Laufe des Tages verändert sich das Licht auf subtile Art und Weise.

Fließende, natürliche Formen, aber auch die verflochtenen Stränge eines Knotengartens sind frühmorgens und spätabends am schönsten, wenn im schräg einfallenden Licht die feinen Konturen deutlich werden. Das gilt nicht nur für Formgehölze, sondern ebenso auch für rasenbedeckte Erdwälle und Labyrinthe. Wenn tagsüber im Sommer der Kontrast zwischen Hell und Dunkel am stärksten ist, wirken solide geometrische Formen, zum Beispiel Pyramiden und Etagenformen, aber auch die Parterres de Broderie wie aus Stein gehauen.

Kontraste beleben den Garten. Im Sommer weiß man es sehr zu schätzen, wenn man aus der hellen Sonne in den lichten Schatten einer Baumwand aus Linden kommt oder das kühle Innere eines Bogens aus Goldregen oder eines Tunnels aus Eibe aufsuchen kann. Zu viel Schatten sollte aber auch nicht sein, denn eine Fläche im Schatten großer Bäume oder Gebäude wirkt oft eintönig und beengt. So eine Situation kann man verbessern, indem man offene Flächen schafft, zum Beispiel ein Wasserbecken, einen formalen Rasen, der von einer niedrigen, geschnittenen Hecke eingefasst wird, oder auch einen kleinen Knotengarten, dessen Flächen mit hellen, lichtreflektierenden Kieseln gefüllt werden.

Von hinten beleuchtet werfen Formgehölze und grüne Architektur auf dem Boden markante Schatten und betonen, insbesondere in formalen Gärten, den Rhythmus von wiederholten Formen wie etwa einer Reihe von Kugeln auf Hochstämmen.

Oben links Wenn man unterschiedliche Formen zusammenbringt, entstehen komplexe Schatten, die Form und Textur betonen.

Oben rechts Licht, das auf eine Baumhecke fällt, zeichnet ein ansprechendes regelmäßiges Muster von Schatten.

Rechts Zu bestimmten Tageszeiten treten die geometrischen Konturen dieser beeindruckenden Eibenpyramiden scharf hervor.

Schattenmuster

Ein zusätzlicher Bonuspunkt von skulpturalen und architektonischen Elementen im Garten sind die vielfältigen Schattenformen und -muster, die diese auf Boden und Wände werfen.

Im Gegenlicht wirken klar konturierte Formgehölze wie flächige Schablonen, die faszinierende Schatten werfen. Je nach Jahres- und Tageszeit sind die Schatten lang oder kurz, ein exaktes Abbild oder seltsam verzerrt. Die Wirkung tritt besonders im Winter zutage, wenn alles kahl ist. An einem klaren Tag mit blauem Himmel erscheinen alle klaren Konturen und geometrischen Strukturen durch ihr Schattenbild doppelt. Aus diesem Grund sollte man Formgehölze im Spätsommer oder im Herbst schneiden und damit deren Konturen schärfen. Selbst Hecken, die oben mit gewellter Krone, Türmen und Zinnen oder Fantasieformen abschließen, können ein attraktives Schattenmuster auf den Rasen werfen.

Manchmal ergeben sich Schattenmuster ganz zufällig, man kann sich aber im Voraus überlegen, wo man die Gehölze am besten hinpflanzt. Möchte man zum Beispiel eine Reihe lolliförmiger Hochstämme oder scharf zugespitzter Kegel setzen, so sollte man darauf achten, dass die mit dem Lauf der Sonne

Links Das Licht lässt Silhouetten entstehen und schafft zwischen benachbarten Formschnittelementen, grüner Architektur und Hecken zuweilen seltsame Verbindungen. Hier zeichnet der Schatten die Form der Pyramide auf der Hecke nach.

Rechts Die tiefer stehende Herbstsonne wirft lange Schatten und erzeugt sehr schöne Effekte. Hier ist es das Streifenmuster auf der Zufahrt, verursacht durch das Licht, das zwischen den Stämmen der Baumhecke hindurchfällt.

wandernden Schatten dorthin fallen, wo sie am besten zur Geltung kommen. An einem Weg mit einer Reihe großer Hochstammkugeln aus Ilex, Steineiche oder Lorbeer würden zu bestimmten Tageszeiten kreisförmige Schatten eine zweite Reihe bilden. Ein anderer bemerkenswerter Effekt entsteht durch das Licht, das durch efeubewachsene Spaliere fällt und so gitterartige Muster auf Rasen oder Pflaster bildet. Auch hochstämmige Hecken bieten interessante Möglichkeiten, wenn sie dort angelegt werden, wo das Licht durch die Stämme scheint und so weiche parallele Linien auf dem Boden zeichnet. Eine vergleichbare Wirkung lässt sich mit Kolonnaden erzielen. Mit entsprechender Planung kann man diese Effekte auch nutzen, um kahle Wände interessanter zu gestalten.

Oben Die architektonische Qualität der Zylinder aus Steineiche, die an Steinsäulen erinnern, wird durch die langen Schatten unterstrichen.

Starke Kontraste

An klaren Tagen, wenn jede einzelne Facette das Licht anders einfängt, manche voll im Licht und andere mehr oder weniger im Schatten liegen, tritt die plastische Natur von Formgehölzen so richtig hervor.

Formschnitt dient oft dazu, im Garten einen Eindruck von Tiefe und räumlicher Wirkung zu schaffen, wobei das Wechselspiel von Licht und Schatten ein wesentlicher Teil der Illusion ist. In den Jardins d'Eyrignac in der französischen Dordogne beruht der nachhaltige Eindruck, der sich beim Durchschreiten der Hauptallee mit ihrem komplexen, wiederkehrenden grünen Muster einstellt, ganz wesentlich auf Licht und Schatten und den dadurch hervorgerufenen scharfen Kontrasten zwischen nebeneinander stehenden Formen.

Ein eher zeitgenössisches, eindrucksvolles Beispiel für solche Effekte gibt es im Privatgarten von Piet Oudolf, einem niederländischen Landschaftsarchitekten von internationalem Ruf, zu sehen: drei hintereinander gepflanzte Hecken in Form wogender Wellen. Das Ganze erinnert an ein Bühnenbild. Einer der Gärten, wo man solche Licht- und Schattenwirkungen am

Unten Vom Sonnenlicht verursachte Kontraste komplementieren die Struktur von Formgehölzen auf Château du Pin.

Oben Weil die vertikalen Flächen der einzelnen Buchselemente ganz im Schatten liegen, werden Textur und Muster der horizontalen Flächen hervorgehoben.

Oben So wie die Sonne in ihrem Tageslauf voranschreitet, verändert sich das Muster aus Licht und Schatten, das von den Formgehölzen gebildet wird, auf subtile Weise.

besten studieren kann, ist Levens Hall im englischen Cumbria. Hier stehen große, eigenartige Formgehölze dicht gedrängt auf relativ engem Raum und vermitteln ein Gefühl wie bei »Alice im Wunderland«. Bei schönem Wetter wird der Garten durch das Zusammenwirken aller Stücke mit ihren unendlich vielen Grüntönen zum Traum eines jeden Künstlers.

Auch niedrigen Hecken mit Mustern, egal ob schlicht oder kunstvoll wie bei einem Parterre de Broderie (bei dem Hecken aus geschnittenen, kompliziert verwobenen Formen angelegt werden), kommt helles Licht zugute, das starke Kontraste zwischen horizontalen und vertikalen Strukturen schafft und Letztere fast schwarz erscheinen lässt. In Knotengärten, besonders in solchen, bei denen nur eine Art verwendet wurde, wandelt sich das verwobene Muster auf magische Weise, wenn das Licht die Konturen aus verschiedenen Winkeln ausleuchtet.

Bei einer anderen Art von Formschnitt, die überaus effektvoll im Clipsham Yew Walk in Rutland eingesetzt wird, wo über 150 große Stücke eine imposante Allee bilden, wurden verschiedenste Embleme und Ornamente als Relief in die glatte Oberfläche von Buchs und Eibe geschnitten. Ohne kräftigen seitlichen Lichteinfall wirken diese monochromen Muster sehr subtil. Formschnitt ist ideal für künstliche Beleuchtung, die nachhaltige, plastische Eindrücke vermittelt. Mit kleinen Deckenflutern oder Scheinwerfern lassen sich Elemente und Konturen hervorheben, wobei man auch farbige Beleuchtung für verblüffende bühnenbildnerische Effekte verwenden kann.

EIS UND WASSER

Ganz gleich, ob ruhige, spiegelnde Wasserbecken, Wasserfälle oder Springbrunnen: Grüne Formen gewinnen durch Wasser unermesslich. Auch in gefrorenem Zustand als Eis oder Schnee bleibt diese magische Wirkung erhalten und verwandelt Formgehölze und formale Hecken über Nacht.

Schon ein kleines bisschen Schnee lässt jede annähernd horizontale Oberfläche hervortreten, verwandelt schlichte Formen in erlesene Skulpturen und verleiht komplexeren Formen wie Spiralen, Etagenformen oder Dreifachkugeln etwas Märchenhaftes. Stufig geschnittene Hecken, Pfeiler oder Abschlüsse erwachen zum Leben, Eis und Schnee enthüllen jede einzelne Welle natürlicher, frei fließender Formen wie auch all die Höcker, Einsenkungen und Buckel auf und in den wogenden Eiben- und Buchshecken. Die Textur schlichter Bodenmuster wird hervorgehoben, und jeder Dreh, jede Windung eines Knotengartens tritt mit verblüffender Klarheit zutage.

Starker Schneefall lässt Formschnittfiguren noch exzentrischer erscheinen, wenn die Gestalten dann wippende, weiße Hauben tragen. Unter der Last des Schnees können fragile Strukturen aber Schaden nehmen und brechen, deshalb sollte man bei anfälligen Strukturen wie Etagen- oder Wolkenformen den Schnee bei erstbester Gelegenheit abklopfen.

Bereifte Formgehölze wirken besonders dekorativ, wenn sie dicht an dicht stehen. Oft sind sie voller Spinnweben, die man aber nur im morgendlichen Tau oder Raureif wahrnimmt. Zauberhaft sehen Spinnweben zwischen rotem Beerenschmuck nach einem kräftigen Frost aus.

Es lohnt sich, zu überlegen, wie man aus dem Grundstück das Beste machen kann. In diesem Abschnitt wird gezeigt, wie man Wasser in formale Gärten mit Formschnitt und grüner Architektur, aber auch in naturnahe Bereiche integrieren kann.

Oben links Im frühmorgendlichen Raureif bieten diese Armillarsphäre und die Buchskugel einen wundervollen Anblick.

Oben rechts Im Raureif scheint dieser Greifvogel, der aus Heckenkirsche *(Lonicera nitida)* geschnitten wurde, fast lebendig zu werden.

Rechts Schlichte Muster wie diese Anordnung von Buchswürfeln gewinnen an Wirkung, wenn sich auf der Oberfläche Raureif bildet.

Wasserfälle und Springbrunnen

Ein Springbrunnen macht oft den ganzen Unterschied zu einem Garten mit statischer grüner Architektur aus, vor allem dort, wo dunkle immergrüne Hecken und Formgehölze dominieren.

Die Gärten der italienischen und französischen Renaissance sind für den ausschweifenden Einsatz von Wasserspielen bekannt. Die Wasserfälle und Springbrunnen, die man hier sieht, erforderten häufig technische Meisterleistungen. Nur wenige Gärten hätten heute wohl Platz für so prunkvolle Brunnenskulpturen wie in Versailles oder so gewaltige Fontänen wie im Joseph Paxton´s Emperor Fountain von Chatsworth House im englischen Derbyshire. Aber auch die formalen Gärten mit bescheideneren Wasserspielen liefern Anregungen, vor allem jene, die von der Arts-and-Crafts-Bewegung beeinflusst wurden.

Das Wundervolle an manchen Formschnittgärten ist ihre friedliche Stimmung. Diese Gärten gründen auf ganz wenigen Elementen: Naturstein oder Ziegel, Formgehölzen und Hecken, Rasen und, in jedem Fall, Wasser. Diese Gestaltung verdankt ihre kraftvolle Wirkung dem geschickten Einsatz von flächigen Bodenmustern und räumlichen Strukturen sowie klar definierten Sichtbezügen und Blickpunkten. Springbrunnen, Fontänen und Wasserfälle schaffen genügend Bewegung und Geräusche, um diese ruhigen Oasen zu beleben.

Man kann sich schon geringste Höhenunterschiede zunutze machen und dort Wasser in breitem Vorhang in einem Kanal oder Bächlein fließen lassen. Ein steileres Gefälle bietet Möglichkeiten für Stufenkaskaden. Ein Kunstgriff besteht darin, die Niveauunterschiede durch Paare von Formgehölzen oder stufige Hecken zu betonen, die man beiderseits des Wasserlaufs anordnet. Kleinere Fontänen sehen zauberhaft aus, wenn sie aus dem komplexen Muster eines Buchsparterres aufsteigen.

Oben links In diesem Grün speist ein schmales Bächlein eine Folge von Wasserbecken.

Oben rechts Wasserfontänen vermitteln Bewegung und unterstreichen die Leichtigkeit der Baumhecke im Hintergrund.

Links Eine moderne Interpretation eines Parterres mit kleinen Wasserstrahlen, die aus Öffnungen in der Buchseinfassung entspringen. Das funkelnde Wasser erweckt den Garten zum Leben.

Rechts In diesen zeitgenössischen Garten hat der Designer glänzende Wasserbecken aus rostfreiem Stahl sowie Wasserspiele integriert.

Spiegelungen

Schon seit langem wird Wasser in Gestalt von geometrischen Wasserbecken, Kanälen und kleinen Bächen mit formalen Gärten kombiniert. Da es sich bewegt und reflektiert, ergibt es einen perfekten Hintergrund für solide Formen wie Mauerwerk, Statuen, Formgehölze und geschnittene Hecken. Bassins, in denen sich der Himmel und die Umgebung spiegeln, liefern ein in subtiler Weise immer wieder anderes Bild.

In vielen Gärten dient Wasser dazu, eine romantische Atmosphäre zu schaffen. Die Kanäle, die sich durch den formalen Park um Château de Courances bei Fontainebleau in die Landschaft schlängeln, bieten einen magischen Anblick, wenn das Herbstlicht durch die Bäume scheint. Und im Märchenschloss du Pin im Tal der Loire, wo sich so viele Topiaryformen wie einst Damen in Krinolinen um einen Pool scharen, sind es die Wasserspiegelungen, die der Komposition ihren Charakter verleihen.

Wasserbecken dienen häufig als zentrales Motiv in einem Parterre so wie ein glitzerndes Juwel mitten in einem Schmuckstück. Steinterrassen und Rasen mit einer Ansammlung von Formgehölzen verleiht die Schlichtheit einer geometrisch angelegten, spiegelnden Wasserfläche das Gefühl von Raum

Oben In einem formalen Formschnittgarten mit ruhigen Grüntönen bringt ein Wasserbecken willkommene Abwechslung. Im unbewegten Wasser spiegelt sich die Umgebung.

Rechts Im Garten von Château du Pin im Tal der Loire spiegeln sich die verschiedenen komplexen, aufeinander abgestimmten Eibenformen in einem formalen Wasserbecken.

und Ruhe. Besonders gefällig wirkt ein rechteckiges Bassin, ein Kanal oder ein Bächlein, gesäumt von einer Reihe ganz schmaler oder kuppelförmiger Formgehölze. Im Kleinen kann ein winziger Innenhof mit einem erhöhten Becken in der Mitte, das von geschnittenem Buchs umrahmt wird, einen Garten viel größer erscheinen lassen, da sich die Umgebung im Wasser spiegelt.

Anhänger des New Wave experimentieren mit allen Formen von Formschnitt. Wellige Formen eignen sich besonders gut als Einfassung naturalistischer Elemente. Dieser Stil weist viele Gemeinsamkeiten mit dem japanischer Teegärten auf, in denen immergrüne Azaleen rund geschnitten werden, etwa in Form von Felsblöcken, und sich Gehölze im Wolkenschnitt anmutig über stille Wasserflächen wölben.

Oben Die spiegelglatte Oberfläche des Wasserbeckens ist in dieser zeitgenössischen Komposition mit Eibensäulen unverzichtbar.

GRÜNE ARCHITEKTUR

Die Vielzahl der Formen und Strukturen, die sich durch den Schnitt von Pflanzen erzielen lässt, kann man unter dem Oberbegriff »grüne Architektur« zusammenfassen. Dieses Kapitel stellt einen Katalog klassischer Elemente vor, gibt Ratschläge, wo sie verwendet werden können und welche Pflanzen sich für bestimmte Formen am besten eignen. Außerdem finden sich hier praktische Hinweise und Tipps sowie zahlreiche Schritt-für-Schritt-Anleitungen mit Abbildungen.

Manche Elemente wie etwa grüne Mauern und Kolonnaden sind so voluminös, dass es erheblich teurer wäre, sie aus Ziegeln, Steinquadern oder Spalieren zu errichten. Naturgemäß ist Warten, bis die Pflanzen groß genug geworden sind, nicht jedermanns Sache, aber es ist erstaunlich, welche Wirkung schon kleinste Ansätze haben und wie rasch sich der Eindruck des Gartens wandelt, sobald man dort erste Strukturen angelegt hat. Auch langsam wachsende Gehölze wie Buchsbaum und Eibe machen schon im dritten

Links Diese Eibenhecke weist alle Charakteristika einer alten Ziegel- oder Steinmauer auf: ornamentale Stützpfeiler und in regelmäßigem Abstand angeordnete »geschnitzte« Abschlüsse.

Jahr nach der Pflanzung etwas her, während dekorative Schablonen für Gehölzformen unmittelbar nach etwas aussehen.

Heute gibt es einen Trend zum »Instantgarten«, was dazu geführt hat, dass manche Gärtnerei und mancher Importeur von Formgehölzen nun Pflanzen anbieten, die schon vorgeschnitten sind. So ein Zeitgewinn hat seinen Preis, aber wenn Geld keine Rolle spielt, kann man natürlich mit solchen Buchseinfassungen ein geometrisches Parterre anlegen oder Bogengänge und Lauben aus Buche und Hainbuche oder auch eine Baumhecke aus Linden. Es gibt auch verschiedene fertige Hecken, die einem das Gefühl der Abgeschiedenheit einer alteingewachsenen Hecke geben.

Wenn man aber die Geduld aufbringt zu warten, bis die Strukturen im eigenen Garten selbst herangewachsen sind, so hat das zahlreiche Vorteile. Jungpflanzen, die aus Containern ausgepflanzt oder auch wurzelnackt (also ohne Erdballen) gesetzt werden, entwickeln in aller Regel ein besseres Wurzelsystem. Liegt der Garten recht exponiert, so bedürfen fertige gepflanzte Elemente für längere Zeit einer Stütze oder eines Windschutzes, zumindest so lange, bis ihr Wurzelwerk kräftig genug ist, um den Pflanzen auch bei Wind genügend Halt geben zu können. Außerdem braucht man ein Bewässerungssystem, am besten ein automatisches, das das Überleben der Pflanzen in der Anwachsphase sicherstellt.

Links Das geschnittene Buchsparterre verleiht diesem Innenhof klassisches, italienisches Flair; die von Kletterpflanzen bewachsene Wand mit Bullauge setzt zusätzlich einen architektonischen Akzent. Dank der Pflanzenformen und -texturen sowie der Dynamik des Schachbrettmusters entstand ein Garten voller Energie.

Rechts In diesem beschwingten formalen Garten mit unregelmäßigem Steinpflaster, Stufen und einem Wasserbecken, dekorativen Formgehölzen in Gestalt von Kuppeln und Kegeln sowie vielen Stauden bildet eine Hochstammhecke einen markanten Hintergrund.

Ganz links Der nicht mehr so ganz akkurate Durchgang in der Hecke passt perfekt zu dem unbeschwerten Stil dieses Countrygartens.

Links Geschnittene Würfel an den vier Ecken dieses kleinen Innenhofs grenzen den Raum ab und betonen die Symmetrie. Die schöne, blaue Bank lädt dazu ein, sich zu setzen und die Gedanken ein wenig schweifen zu lassen.

ARCHITEKTONISCHE ELEMENTE

Gewachsene Strukturen wie grüne Bogengänge, Kolonnaden und Mauern bilden zusammen mit kunstvollen Stützpfeilern und Abschlüssen die natürliche Verlängerung der häuslichen Architektur. Diese Elemente tragen dazu bei, das Gefüge des Gartens zu schaffen und seine Räume einzurichten.

In den heutigen Gärten mitten in der Stadt und in den Wohngebieten dominiert in der Regel das Haus über das Umfeld. Bäume könnten dort zwar Struktur und Höhe hineinbringen und das Ungleichgewicht beheben, brauchen aber meist viel Platz und nehmen dem Garten Licht. Geometrische Formgehölze hingegen wie etwa Säulen an der Einfahrt oder eine Hochstammhecke als Grenze wirken gestaltend und schaffen sogar Kulisse, lassen aber trotzdem noch viel Platz für Blumen.

Obwohl viele Elemente in diesem Kapitel in der Regel eng mit der Bauweise in einer bestimmten Epoche verbunden sind und einen wesentlichen Teil traditioneller Formgebung darstellen, lassen sie sich vereinfacht und auf ihre wesentliche Form oder zu einem wiederkehrenden Muster reduziert ebenso gut in zeitgenössischem Rahmen verwenden.

Das Nebeneinanderstellen der verschiedenen Strukturen und einzelnen Elemente hat natürlich auch Einfluss auf das Bild, das ein Garten gibt, und auf die Stimmung darin. So suggeriert beispielsweise eine asymmetrische Gestaltung mit benachbarten rechtwinkligen Elementen und frei gestalteten Formgehölzen Modernität, vergleichbar mit avantgardistischen Skulpturen in einer Kunstgalerie. Symmetrie mit reichlichen Ausschmückungen hingegen greift auf die Renaissance zurück.

Eines der häufigsten und vielseitigsten Elemente grüner Architektur sind Hecken. Auch wenn viele Menschen Hecken nicht als Formschnitt auffassen, so ist eine makellos geschnittene Hecke zumindest der Beweis für die große Geschicklichkeit des Gärtners. Formale Hecken eignen sich hervorragend dazu, ein Grundstück in intime Bereiche zu unterteilen. Man kann das Ganze schlicht halten oder eher bühnenbildnerisch. Durch die Gestaltung von Eingang und Clairvoyées kann man interessante Sichten schaffen. Nicht zuletzt wird ein Garten mit architektonischen Strukturen auch im Winter Gefallen finden.

Rechts Ein runder »Kübel« aus Formgehölzen als perfekter Rahmen zum Hervorheben einer Etagenform.

Hecken

Hecken können als Schranken, Scheidewände oder Einfriedungen angesehen werden, aber auch als lebender Ersatz für Mauern und Zäune. Zwar sind sie arbeitsaufwendig und bringen keine Sofortwirkung, haben aber gegenüber Ziegel- und Steinmauern eindeutig ästhetische Vorzüge: Hecken sind die sanftere Alternative, die für gewöhnlich in Grüntönen daherkommt, bei immergrünen Hecken das ganze Jahr über.

Hecken, besonders solche mit ebenmäßig geschnittenen Seiten, bilden einen ruhigen Hintergrund für Zierblumen und Laubwerk im Garten. Ordentlich gepflegt und in augenfälligen Formen geschnitten, können grüne Wände auch Strukturlinien im Garten wirkungsvoll unterstreichen.

Im einfachsten Fall ist eine formale Hecke rechtwinklig, mit senkrechten Seiten und abgeflachter Oberseite. Mit einer langen, geraden Holzlatte, einer Wasserwaage und einem Lot ist der Schnitt kein Problem. Wo es abschüssig ist, kann man das Heckenprofil in Stufen anlegen. Schneidet man die Seiten schräg, sodass die Hecke an der Basis breiter ist als an der Oberkante,

Wie man eine Hecke schneidet und verjüngt

Laub abwerfende Hecken werden meist in der Ruhezeit gepflanzt und auf halbe Höhe zurückgeschnitten, damit sie sich dicht verzweigen. Ein ebensolcher Rückschnitt im zweiten Jahr lässt die Pflanzen dicht ineinander wachsen. Wintergrünen Liguster und großblättrige Immergrüne schneidet man zum Ende des Sommers. Mit dem Schneiden und Formieren beginnt man erst, wenn die Pflanzen richtig angewachsen sind.

Um Bögen zu erzielen, setzt man mehrere Pflanzen in gleichmäßigem Abstand nebeneinander. An der Rückseite lässt man sie höher werden, nach vorn hin werden sie abgestuft oder niedriger geschnitten. Abschlüsse zieht man aus Trieben an der Oberseite der Hecke und schneidet sie mit einer Schablone oder freihändig in Form.

1 Formale Hecken können mit einer Heckenschere geschnitten werden. Dabei führt man das Messer parallel zur Heckenfläche, sonst gibt es Löcher. Vorsicht ist bei Koniferen geboten, da die meisten, mit Ausnahme von Eibe, kaum wieder austreiben, wenn man zu weit ins alte Holz geschnitten hat.

2 Kahl oder zu groß gewordene Hecken aus Eibe, Buchs, *Ligustrum ovalifolium* oder Buche werden durch einen kräftigen Rückschnitt ins alte Holz verjüngt. Man schneidet pro Jahr nur eine Seite zurück, düngt dann ausreichend und achtet darauf, dass die Pflanzen gut gewässert werden.

Oben Baumwände und Hochstammhecken aus Linde, Buchs und Hainbuche sind dort ideal, wo – wie in diesem reichhaltigen Garten – viel Platz für die Bepflanzung verwendet werden soll.

Oben Ob der Länge ist diese Hecke ein markantes architektonisches Element. Auch der Reichtum an Blüten und Pflanzen, die über die Hecke wachsen, scheint zur Hecke zu gehören.

bekommen auch die unteren Partien genug Licht und verkahlen nicht. Schlecht gepflegte Hecken hingegen neigen dazu, oben breiter zu werden, wodurch die Basis an Lichtmangel leidet, im Wuchs stockt und unebenmäßig wird.

Fantasievolle Entwürfe könnten Rokokobögen, Heckenkronen, Strebebögen und Abschlüsse vorsehen. Die Muster kann man mithilfe einer Schablone aus Holz zurechtschneiden.

Elektrische oder motorbetriebene Heckenscheren sind bei größeren Arbeiten ein Segen, vorausgesetzt, man legt regelmäßig Pausen ein, damit der Motor nicht überlastet wird, und wartet die Geräte richtig. Schneidet man von Hand, so vermindert man die Beanspruchung der Handgelenke dadurch, dass man erst die eine Hand ruhig hält, während man mit dem anderen Arm arbeitet, und dann umgekehrt. Auf der Hecke liegen gebliebene Zweige holt man mit einem Bambusstock herunter, da sie, wenn sie dort liegen bleiben, eine Quelle für Pilzbefall an gesunden Zweigen darstellen. Fahrbare Plattformen und Leitersicherungen sind weitere lohnenswerte Anschaffungen, die die Sicherheit besonders bei der Pflege hoher Hecken erhöhen.

Rechts Für solch einen Stützbogen pflanzt man einen Block aus Eibe und schneidet eine Folge von Stufen hinein. Sind die Zweige größer und fülliger geworden, formt man die gebogene Vorderseite.

Blöcke und Stufen

Quadratische und rechteckige Blöcke verleihen dem Garten etwas Avantgardistisches, das perfekt zu minimalistischen Gärten in der Stadt passt. Diese Formen gehören jedoch zu denen, die den größten Aufwand bei der Anlage und Pflege erfordern, treten doch schon kleinste Fehler unweigerlich zutage.

Rechteckige Blöcke wie gemeißeltes Mauerwerk können als eine Art Sockel für eine Statue oder Skulptur dienen und diese betonen. Sie können aber auch wie moderne Kunst in einem Skulpturenpark eingesetzt werden und für sich allein auf dem Rasen stehen oder ein formales Wasserbecken rahmen.

In zeitgenössischen Gärten können Blöcke durch schlichte Formen wie hölzerne, metallene oder steinerne Säulen, die sich aus der Mitte erheben, verziert werden. Aber auch eine kontrastierende Bepflanzung fällt ins Auge, etwa ein dunkelgrüner Eibenblock, der sich aus der Mitte eines Rahmens von goldgelber Eibe erhebt. Das gelingt einfach, indem man dunkle Eiben dicht an dicht in die Mitte setzt und mit einer Reihe weniger stark wachsender goldgelber Eiben umpflanzt. In kleinerem Maßstab bietet sich ein Block von Buchs (Buxus sempervirens) mit einem Rahmen panaschierter B. s. 'Elegantissima' an.

Blöcke können durch zusätzliche Elemente aufgewertet werden. Beispielsweise könnte man einem Quadrat eine niedrige Kuppel hinzufügen oder die obere Hälfte des Blocks so schneiden, dass sie an die Facetten eines Edelsteins erinnert.

Blöcke müssen nicht rechteckig oder quadratisch sein. Möglich sind ebenso Rhomben, Trapeze, Schachbretter oder Sonnenuhren. Eine »Scheintreppe« könnte vom tiefer gelegenen Garten auf die Terrasse führen. Dafür eignet sich Buchsbaum am besten. Zunächst wird die Fläche mit Jungpflanzen gleichmäßig bepflanzt. Man zieht sie auf eine einheitliche Höhe und schneidet dann mithilfe gespannter Seile Stufen in den Block.

Links Die dunkler grüne Eibe sitzt als Abschluss scheinbar direkt auf einem Stufenblock aus Buchs – ein ansprechender Gegensatz.

GRÜNE ARCHITEKTUR 81

Links Die quadratischen Konturen auf den Blöcken ergeben ein bemerkenswertes Gestaltungselement und zeigen, dass selbst feinste Hervorhebungen äußerst dekorativ sein können.

Rechts Die gelungene Wirkung solcher geometrischer Formgehölze hängt von dem präzisen Schnitt ab. Man beachte, wie die Formen zum Eingang hin fluchten und das Auge in den nächsten Gartenteil führen.

Unten links Diese riesigen, abgeschrägten Blöcke aus Eibe im Garten eines alten französischen Schlosses wirken wie Exponate in einem modernen Skulpturengarten.

Unten rechts Die Buchstreppe ist ein architektonisches Element, das die Linien der Pergola aufnimmt – ein Kontrast zur Landschaft dahinter.

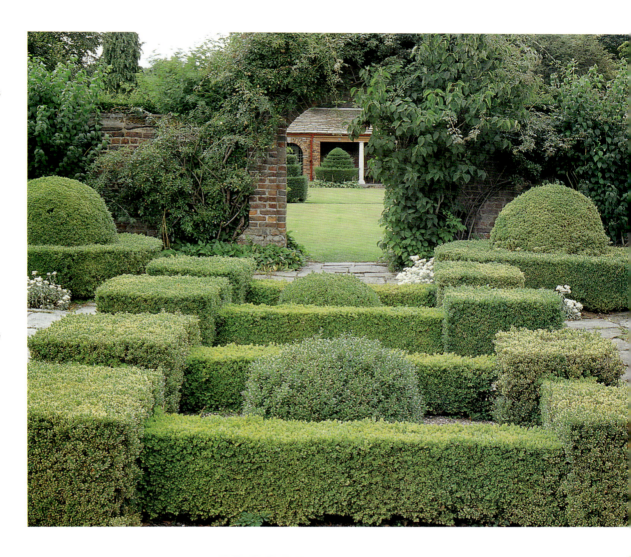

Torbögen und Fenster

In einer formalen Hecke verstärken Öffnungen, seien es nun runde Fenster oder eindrucksvolle, im klassischen Stil angelegte Bögen, den Eindruck, dass die grüne »Mauer« tatsächlich ein Teil der Architektur ist. Zugleich wirken solche Elemente als Blickpunkte und unterbrechen so die Monotonie einer ansonsten eintönigen Hecke. Der flüchtige Blick aus einem umschlossenen Areal in einen anderen Garten vermittelt ein Gefühl räumlicher Tiefe, wohingegen eine Hecke mit vertikalen Schlitzen zwar Licht hindurchlässt, zugleich aber den Eindruck der Abgeschiedenheit wahrt. Fenster oder, wie sie einst genannt wurden, Clairvoyées haben etwas Geheimnisvolles, da sie Blicke in die Welt draußen erlauben.

Ein Fenster lässt sich dadurch schaffen, indem man einfach ein Loch in die Hecke schneidet und dabei eine dünne Stelle ausnutzt. Schlichte Formen wie kreisrunde, ovale oder rechteckige Öffnungen sind am einfachsten, für den Schnitt kann man eine Schablone auf einer langen Stange zu Hilfe nehmen.

Oben Koniferen wie Lebensbaum und Zypressen ergeben dichte, schlanke Formen. Diese beiden Säulen wurden überkreuzt und unterhalb der Spitzen zusammengebunden. So entstand ein Bogen.

Wie man einen Bogen formt

Ein Bogeneingang schafft theatralische Wirkung, und mit einer Reihe aufeinander folgender Bögen kann man eine formale Allee anlegen, die das Auge zu einem Blickpunkt führt.

Bei der Pflanzung der Hecke lässt man einen mehr als türgroßen Spalt frei und schneidet in dem Maße, wie die Hecke wächst, die Seiten senkrecht zu. Ist die Hecke mehr als mannshoch geworden, so lässt man die Seitentriebe aufeinander zuwachsen, formt aus diesen Zweigen einen Bogen und sorgt dafür, dass die Triebe oben ineinander wachsen und so einen dichten Türsturz bilden. Man kann die Seitenzweige an einem Gerüst von Stäben über die Öffnung leiten, bei schnell wachsenden Koniferen ist das nicht nötig. Oberseite und Seiten schneidet man mit einer Heckenschere.

Oben Ein gotischer Bogen fasst den Blick am Ende einer Allee von Formgehölzen ein, die perfekt auf das Schloss ausgerichtet ist.

Oben Aus der Dunkelheit ans Licht: Ein Torbogen rahmt den Blick auf eine Terrasse in der Toskana.

Bei locker verzweigten Gehölzen mit schirmförmiger Krone oder Heckenpflanzen mit unregelmäßigem Aufbau bindet man die Zweige an einen bogenförmigen Metallrahmen und schneidet sie in Form. Solche Rahmen sind auch hilfreich, wenn man kompliziertere architektonische Elemente wie etwa gotische Bögen formen möchte.

Oben Eine mit Bedacht angelegte Öffnung in einer Grenzhecke ermöglicht den Blick auf die dahinter liegende Landschaft.

Nischen und Grotten

In einem klassisch inspirierten formalen Garten dienen Nischen und Grotten als besondere Plätze zur Präsentation von Statuen, Obelisken, Vasen, Sitzgelegenheiten und anderen Elementen.

Eine flache Nische lässt sich in jeder ausgewachsenen Hecke anlegen, sofern diese dicht und gleichmäßig genug gewachsen ist. Vorsicht ist geboten bei rasch wachsenden Koniferen wie Leylandzypresse (x *Cupressocyparis leylandii*), die sich bei einem Rückschnitt ins alte Holz kaum regenerieren. Nischen sind dann besonders ansprechend, wenn die Vorderseite der Hecke sich nach oben verjüngt oder geneigt ist und daher mit der rechtwinkligen Form kontrastiert. Man schneidet die Form in der gewünschten Höhe und Tiefe so zurecht, dass der Gegenstand, der darin stehen soll, bequem genügend Platz hat.

Am leichtesten zu bewerkstelligen ist eine rechtwinklige Nische. Man benötigt dazu nur ein Lot, ein Lineal und eine Wasserwaage. Für andere Formen benutzt man eine Schablone oder markiert die Umrisse mithilfe wasserlöslicher Sprühfarbe. Nischen in klassischem Stil wirken authentischer, wenn sie

Unten In diesem von der Arts-and-Crafts-Bewegung beeinflussten Garten wird eine schlichte Bank aus Stein zur stillen Einkehr durch eine Eibenlaube vor den Blicken geschützt.

oben elegant geschwungen sind, und eignen sich dann perfekt, um Kugeln auf Hochstämmen in Terrakottatöpfen oder »Caisses de Versailles« aufzunehmen. Durch immergrüne Pfeiler oder Säulen lässt sich die Wirkung noch steigern. Nischen können auch leer bleiben: Eine einzige leere Nische lässt an ein Versehen denken, ein sich wiederholendes Muster schafft Abwechslung. Diese Formen erwachen zum Leben, wenn die Sonne tiefe Schatten wirft. Halbkreisförmige Grotten, Exedren genannt, sollten schon beim Pflanzen der Hecke eingeplant werden.

Wenn man einen Schutz für eine Bank zum Sitzen anlegt, so kann man, anstatt tief in die Hecke hineinzuschneiden, auch einfach Seiten und die Spitze zu einer Laube auswachsen lassen. Eine Laube aus einer Ilex-, Weißdorn oder Ligusterhecke passt wunderbar in einen Landhaus- oder Cottagegarten.

Oben Diese ausdrucksstarke Hecke aus Hainbuche erinnert mit den quadratischen Säulen und den Einschnitten an eine Kolonnade.

Oben Schmale Furchen, die in eine Hainbuchenhecke geschnitten wurden, erzeugen einen ansprechenden visuellen Rhythmus. Das kräftige Sonnenlicht wirft tiefe Schatten und betont die Kontraste.

Rechts Tief eingeschnittene Exedren werden bei der Gartengestaltung von Anfang an eingeplant. Die Bucht in der Eibenhecke ist ein idealer Platz für eine Skulptur.

Tunnel und Eibenhäuser

Kontrastierende Areale von Sonne und Schatten steigern die Wirkung eines Gartens. Belaubte Tunnel können besonders eindrucksvoll sein, wenn das gedämpfte grüne Licht und die Umfriedung einen magischen Eindruck hervorrufen. Noch mehr Spannung üben sanft geschwungene Tunnel aus, da man das Ende nicht sieht, wenn man in den dunklen Eingang späht.

Eine geradezu unglaubliche Beschaffenheit weisen Tunnel aus Eibe auf, sowohl innen als auch außen; gehören sie zu geschichtsträchtigen Gebäuden, hält man sie oftmals für viel älter, als sie sind. Die ältesten dieser Schöpfungen sehen mit ihren knorrigen, verdrehten und krummen Stämmen aus, als seien sie 1000 Jahre alt, aber wenn man sie von einem Dendrologen untersuchen lässt, kommt man eher auf 200 bis 300 Jahre.

Eine luftigere Alternative zu einem Eibentunnel ist ein Berceau, in einem formalen Garten meist eine schattige, von Spalieren eingefasste Pergola aus streng geschnittenen Pflanzen mit Durchlässen oder Fenstern. Traditionell verwendete man hierfür Hainbuche, geeignet sind aber auch Kletterpflanzen, wie der stark wachsende Efeu *Hedera helix* 'Green Ripple'.

Kolonnaden sind bühnenmäßige Elemente im Garten mit Anklängen an die klassische Architektur. Tatsächlich sind solche Gänge der perfekte Rahmen für griechisch-römische Statuen sowie Urnen und Vasen aus Stein oder Terrakotta. Mit ein wenig Vorstellungskraft lässt sich mitten in der Vorstadt die Stimmung einer toskanischen Villa zaubern. Viele Amateurgärtner halten eine Kolonnade für zu schwierig, dabei handelt es sich nur um eine Reihe miteinander verbundener Bögen. Man pflanzt also eine Hecke, spart in regelmäßigem Abstand Lücken aus und zieht die Bögen heran. Hochstammhecken und Kolonnaden sind luftig und eignen sich daher auch für kleine Gärten, wo es auf genug Licht ankommt.

Ein weiteres eigenartiges Element des Formschnitts sind Eibenhäuser. Dabei kann es sich um vollkommen geschlossene, geschnittene Kuppeln handeln, bei denen man durch den Eingang ins dunkle, kühle Innere tritt, einen geheimen Ort für Kinder wie für Erwachsene. Zuweilen sieht man auch einen Halbmond aus Eibe, der eine Sitzgelegenheit umschließt und überdacht. Ebenso rustikal ist eine Ausführung als Sonnenschirm mit einer Bank um den Stamm in der Mitte und einem Dach in Form eines riesigen Schirms oder Pilzhuts.

Links Ein seltsames Eibenhaus mit Pilzdach ruht auf vier Pfählen, die dieser Laube zugleich eine klarere Struktur geben.

Rechts Das Dach dieses Laubengangs aus Linde wurde aus Ästen angelegt, die über ein Gerüst gezogen wurden.

Hochstammhecken und Baumwände

In der Kunst des Verflechtens werden die noch weichen, biegsamen Triebe horizontal an straff gespannten Drähten zwischen vertikalen Pfosten gezogen. Die Unterkante des schmalen Schirms liegt gewöhnlich über Kopfhöhe, sodass man an einer Allee von Hochstämmen entlanggehen kann.

Der Vorteil besteht darin, dass sich eine auffällige Struktur auf engem Raum unterbringen lässt. Da die Äste relativ weit auseinander stehen und nur in einer Ebene gezogen werden, werfen sie auch nur wenig Schatten, dennoch ist die Gesamtstruktur auch im Winter nach dem Laubfall sehr eindrucksvoll. Baumwände dienen in der Regel der äußeren Begrenzung sowie als Trennelement innerhalb des Gartens dazu, Gartenbereiche oder die Terrasse zu umschließen, ohne dabei das Licht wegzunehmen, Wege zu säumen und formale Alleen zu schaffen. Am häufigsten verwendet werden verschiedene Lindenarten und -sorten, aber auch Goldregen (*Laburnum* x *watereri* 'Vossii') und Kletterpflanzen wie Wein (*Vitis vinifera*), Glyzinen und Rosen eignen sich, wobei die Ruten oder

Unten Baumwände können nebeneinander angelegt werden und bilden dann einen an den Seiten offenen, schattigen Weg.

Unten Die Stämme von Baumwänden und Hochstammhecken lassen an steinerne Kolonnaden denken.

Leittriebe horizontal gezogen und dadurch Blüten- und Fruchtansatz gefördert werden. Es gibt Pflanzen von Spezialbetrieben zu kaufen, bei denen ein Gerüst von Zweigen an horizontalen Bambusstäben gezogen wurde. Wenn man es selbst macht, lässt man zunächst einige Seitentriebe am Leittrieb stehen, damit dieser dicker wird. Will man einen Weg im lichten Schatten anlegen, so verlängert man das Drahtgerüst oben im rechten Winkel und zieht so ein Baumdach.

Die Hochstammhecke ist eine Variante, bei der Pflanzen mit dichter Verzweigung wie zum Beispiel Hainbuchen verwendet werden. Sobald die Formgebung im Wesentlichen abgeschlossen ist, wird das Gerüst entfernt und wie sonst üblich geschnitten. Im Unterschied zu gewöhnlichen Hecken, die bis zum Boden reichen, kann bei Hochstammhecken die bodennahe Kaltluft abfließen, sodass sich keine Kaltluftseen bilden.

Oben Wenn man das Drahtgerüst für eine Baumwand aus Linde verlängert, kann man einen überdachten Gang anlegen.

Unten Ein Spalierapfel mit gebogenen Ästen voller Früchte.

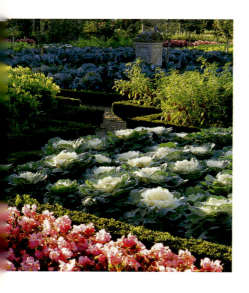

Ganz links Ziergemüse, Kräuter und Blumen füllen die Buchskompartimente in dem ausgedehnten Potager von Villandry.

Links Die komplexen Formen dieses Buchsparterres werden durch den Kontrast zwischen dem Grün und den niedrigen Beetpflanzen hervorgehoben.

MUSTER PFLANZEN

Zur Verschönerung des Gartengrunds werden die unterschiedlichsten Formgehölze verwendet. Die Anlage kann eine größere Fläche einnehmen, zum Beispiel im Fall von Hecken als Irrgärten, die Muster lassen sich aber auf kleinere Gärten entsprechend angepasst übertragen.

Die Zwischenräume zwischen den niedrigen, geschnittenen Einfassungen von Knotengärten, manchen Arten von Parterres sowie von Potagers werden oft bepflanzt, um den dekorativen Eindruck noch zu verstärken. Gerne verwendet werden frühlingsblühende Zwiebelpflanzen, die sich mit Zweijährigen abwechseln, aber auch mit Einjährigen und frostempfindlichen Stauden, die den Sommer über bis zum Herbst blühen.

Farben, die vor dem dunkelgrünen Laub deutlich hervortreten, werden bevorzugt. In kleineren Gärten mit intimerer Atmosphäre bevorzugt man eher gedeckte Pastelltöne. Nur wenige Sorten, nicht aber bunte Mischungen, werden verwendet, damit das filigrane Muster des Parterres deutlich bleibt. Als Pflanzen mit ausdrucksvollen Sommerfarben bieten sich violette Verbenen (*Verbena* x *hybrida*), scharlachrote Begonien oder kirschrosa Fleißige Lieschen (*Impatiens*-F1-Hybriden) an.

In Potagers gruppiert man Ziersorten von Kräutern und Gemüse in auffallenden Blöcken in ebenso ansehnlichen wie prinzipiell ertragreichen Anbauflächen. Als Blattpflanzen eignen sich Zierkohl, roter Mangold, dekorative Salatsorten und panaschierter Salbei und Thymian. Man muss aber darauf achten, dass die »Lückenfüller« nicht die Formgehölze überwachsen, denn dadurch könnten deren Triebe absterben und das komplexe Muster entstellt werden.

Mehrjährige Pflanzen als »Füllung« sollten alljährlich zurückgeschnitten werden. Man kann einen schlichten Knoten aus Zwergbuchs als Kontrast mit silbrig belaubten oder weiß panaschierten Immergrünen bepflanzen, zum Beispiel mit Heiligenblume (*Santolina chamaecyparissus* 'Lemon Queen'), Zwerglavendel wie 'Munstead' oder 'Hidcote', kleinblättrigem Strauchehrenpreis oder auch *Euonymus fortunei* 'Emerald Gaiety'. Sie alle müssen nur einmal im Jahr geschnitten werden.

Rechts Zwischen Buchs kommen rosa, rote und auch weiße und gelbe Blumen besonders lebendig zur Geltung.

Knoten und Parterres

In Elisabethanischer Zeit war man von den komplexen, verflochtenen Mustern und Knoten, Mosaiken und kunstvoll vereinten Initialen fasziniert. All dies findet man als Schnitzereien und auf Täfelungen in Gebäuden aus der damaligen Zeit, aber auch bei der Kleidung in Form von Stickereien. Im Garten bestand die Möglichkeit, gewachsene Knoten aus Gartenkräutern anzulegen, etwa aus Lavendel, Heiligenblume *(Santolina)*, Edelgamander *(Teucrium chamaedrys)*, Ysop, strauchigem Thymian, Oregano, Poleiminze *(Mentha pulegium)* und Buchsbaum, die allesamt als niedrige Hecken geschnitten wurden.

Relativ leicht anzulegen sind symmetrische Anordnungen wie überlappende Kreise und Quadrate. Die Auswahl an Pflanzen ist heute viel größer und umfasst auch panaschierte Sorten von Buchs oder Japanischer Stechpalme wie *Ilex crenata* 'Golden Gem' sowie Sorten von Spindelstrauch (*Euonymus fortunei*, in erster Linie 'Emerald 'n' Gold') und blaurote Zwergberberitze (*Berberis thunbergii* f. *atropurpurea* 'Atropurpurea Nana').

Mit der erforderlichen Genauigkeit geschnitten, scheinen die unterschiedlichen Pflanzen ineinander verwoben zu sein und unter- und übereinander zu wachsen. Das ist natürlich eine reine Täuschung, die entsteht, weil man einen Teil des Gitterwerks an den Kreuzungsstellen ein wenig höher wachsen lässt. Dieser Stil funktioniert bei Hecken mit abgerundetem Profil besonders gut. Die Flächen zwischen den Heckenbändern werden manchmal mit anderen Pflanzen besetzt; die aus Elisabethanischer Zeit stammende Verwendung von Erdmaterial,

Oben Ein ausdrucksstarker Knoten aus zwei Bändern mit unterschiedlichen Buchssorten, so geschnitten, dass ein Muster aus Über- und Unterschneidungen entsteht.

Rechts Die komplexen, geschwungenen Muster dieses Broderieparterres wirken am besten vor hellem Kies oder Steinsplitt.

GRÜNE ARCHITEKTUR

Oben Für ein Parterre braucht man keinen großen formalen Garten. Auf kleinem Raum wirkt auch ein ganz schlichtes Design mit niedrigen Hecken.

Oben Auch wenn die Struktur bei Kräutern, hier buschigem Thymian, nicht so klar hervortritt, eignen sich solche Parterres gut für sonnige Lagen.

das sich farblich abhebt, lässt aber das Muster am deutlichsten hervortreten und erleichtert die Pflege. Heute stehen Materialien wie feiner Kies oder farbige Steinstücke zur Verfügung.

Anders als im Knotengarten besteht ein Parterre aus separaten Formen oder Kompartimenten. Mit der Zeit hatten sich verschiedene Stile entwickelt, manche davon strikt geometrisch, andere sehr pompös. Das Parterre de Broderie war inspiriert von eleganten Motiven wie Blüten, Blättern und gewundenen Ranken und meist angelegt aus Buchs.

Einige der Ausführungen waren äußerst arbeitsaufwendig, darunter auch die arabesken Formen im Parterre à l'angloise, bei dem die Formen aus dem Rasen geschnitten und mit farbigem Zierkies aufgefüllt werden. Nachdem die großartigen, von der französischen Renaissance inspirierten Parterres zugunsten einer mehr naturalistischen Landschaftsgestaltung aufgegeben worden waren, erlebten sie erst in Viktorianischer Zeit ein Comeback, als kunstvoll verzierte Muster wieder in Mode kamen. Nun wurden die Formen mit bunten Blumen und subtropischen Blattpflanzen ausgefüllt. Welche Muster und Art der Ausführung man auch bevorzugt, in jedem Fall muss man daran denken, dass es umso wichtiger ist, die Pflanzen gut zu pflegen und regelmäßig zu schneiden, je komplexer die Gestaltung ausfällt.

Oben Wasserelemente wie Bassins und Springbrunnen wirken der statischen Natur eines Parterres entgegen.

Irrgärten

Die Geschichte des Irrgartens lässt sich bis in die Antike zurückverfolgen. Wie bei Formgehölzen gab es auch hier Phasen großer Popularität ebenso wie solche geringen Interesses. Einer der Höhepunkte war die italienische Renaissance, als Architekten Gefallen daran fanden, alle möglichen zusätzlichen Elemente einzubauen, zum Beispiel listig angelegte Springbrunnen, um Ahnungslose nass zu machen. In dem Maße, wie sich die Renaissance in Europa ausbreitete, gingen immer mehr wohlhabende Gartenbesitzer, vor allem Adlige, dazu über, in ihren formalen Gärten Irrgärten anzulegen, und entdeckten dabei zweifelsohne die Vorzüge hoher Hecken als abgeschiedene Bereiche für geheime Treffen oder romantische Liaisons. Klassische Statuen von Göttern und Fabelwesen regten die Fantasie noch zusätzlich an. Genau in der Mitte des Irrgartens

wartete als Belohnung zumeist ein kleiner, geheimer Garten wie ein Juwel darauf, entdeckt zu werden.

Auch in Viktorianischer Zeit waren Irrgärten sehr beliebt und wurden nun zusammen mit Parterres in öffentlichen Parks zum Vergnügen aller, nicht nur der Reichen, angelegt.

Obwohl Labyrinthe mit ihrer heidnischen, später dann christlichen Symbolik sicherlich Vorläufer von Irrgärten waren, sind Letztere in der Hauptsache Rätsel, die vom Spieler gelöst werden müssen, wobei das Ziel für gewöhnlich darin besteht, ins Zentrum zu gelangen und sich darüber zu amüsieren, unter-

wegs in die Irre zu laufen. In heutigen Gärten findet man ganz unterschiedliche Irrgärten, darunter auch solche aus Pflastersteinen und sogar aus buntem Mosaik, doch soll es hier nur um Irrgärten aus Hecken gehen.

Irrgärten können wie zu Tudor- und Elisabethanischer Zeit mit kniehohen Hecken aus Lavendel, Heiligenblume oder langsam wachsendem Buchsbaum angelegt werden und sind dann ein Spaß für Kinder. Für die eindrucksvolleren, höheren, dichteren und immergrünen verwendet man aber Eibe, Ilex, Lorbeer oder rasch wachsende Heckenkoniferen.

Oben Je nach Größe und Gestalt des Grundstücks kann ein Irrgarten praktisch jede Form annehmen.

Links Zwar sieht man von oben die Lösung dieses Rätsels, doch ist der Irrgarten von Hever Castle in Kent eine echte Herausforderung.

Labyrinthe

Voller Mythen und Legenden, liegen die genaue Herkunft und die Bedeutung frühgeschichtlicher Labyrinthe mit ihren komplizierten Mustern im Dunkeln. Aus Gras angelegte Labyrinthe dienten vermutlich der inneren Einkehr und als Ort der Meditation beim Abschreiten der Pfade. Ähnliche Muster findet man in bronzezeitlichen Petroglyphen. Neben Labyrinthen aus Gras gibt es auch solche aus glattem Pflasterbelag und Labyrinthe, die mit Steinen abgegrenzt sind. Viele, aber nicht alle liegen in der Nähe frommer Orte, in oder an Kirchen, Kathedralen oder Klöstern. Rasenlabyrinthe waren einst in fast ganz Europa zu finden, heute gibt es nur noch eine Hand voll, die meisten davon in England und in Deutschland, wo sie seit langem mit örtlichen Traditionen und Festlichkeiten in Verbindung gebracht werden. Häufig fand sich in der Mitte des Labyrinths ein heiliger Baum. Im Unterschied zu herkömmlichen Irrgärten, die häufig rechtwinklig angelegt sind, wiesen Rasenlabyrinthe für gewöhnlich Bögen und Muster auf, die an keltische oder prähistorische Symbole erinnern. Weit verbreitet ist

die runde Form des Chartres-Labyrinths, die bis ins 13. Jahrhundert zurückzuverfolgen ist: ein faszinierendes Labyrinth, da man in seinem stetigen Bemühen, in die Mitte zu gelangen, immer wieder an den äußeren Rand zurückgeführt wird. Wegen seiner Form eignet es sich perfekt für einen New-Age-Garten mit organischen Formen und heiligen Symbolen, aber ebenso kann man ein Graslabyrinth als faszinierendes Motiv auf dem Rasen anlegen, vor allem dann, wenn man es von oben betrachten kann. Kinder finden Gefallen daran, auf dem Weg zur Mitte die schmalen, gewundenen Wege entlangzusausen. In Rasenlabyrinthen lässt man die eingesenkten Wege entweder so, wie sie sind, oder bedeckt den Boden mit Schotter oder Ziegeln. Die Grasnarbe soll bis zum Knöchel reichen. Es versteht sich von selbst, dass so ein Labyrinth, wenn es nicht regelmäßig betreten und gemäht wird, bald verschwunden ist. Traditionelle Formen, die man in Büchern und auf Internetseiten findet, kann man je nach Platz vergrößern oder verkleinern.

Unten links Dieses Rasenlabyrinth aus erhabenen organischen Formen fügt sich nahtlos in die Landschaft aus Wasser und sanften Hügeln ein: der perfekte Ort zur friedvollen Selbstbesinnung.

Unten rechts Zwar handelt es sich hier um einen Irrgarten, doch wurde das Muster wie bei einem Labyrinth im Rasen angelegt. Im frühmorgendlichen Licht wirkt die Szenerie noch stimmungsvoller.

Ganz links In Verbindung mit und vor der natürlich gewachsenen Zeder wirken diese Formgehölze wie moderne Skulpturen.

Links Als eine der ruhigsten geometrischen Formen passen Kuppeln oder Halbkugeln sehr gut in Landhausgärten.

GEOMETRISCHE FORMEN

Ideal, um einem Garten eine formale Note hinzuzufügen: Kugeln und Kuppeln, Pyramiden und Kegel, Zylinder und Türme sind nur ein paar der mathematisch exakten Formen, die in die Gartenanlage als Formgehölze integriert werden können.

Obwohl sie meist als einzeln stehende Formen gezogen werden, lassen sich die verschiedenen geometrischen Figuren auch in mehrstöckigen Hochstämmen kombinieren. Man kann sie als Krönung auf geschnittenen Blöcken, als Säulen oder als Abschluss auf einer formalen Hecke ziehen. Sie können Bestandteil einer hochgradig strukturierten Gartenlandschaft sein, etwa in einem minimalistischen Garten oder in einem, der auf klassischen Prinzipien basiert. Sie können aber auch als ein spannungsgeladener Kontrast vor einem vergleichsweise naturalistischen Hintergrund stehen. Die eher sanfteren, runderen Formen wie Schneckenhäuser und große Kuppeln passen auch in halbformale Gärten, denen sie gerade das rechte Maß an Struktur verleihen.

Derlei kräftige, solide Formen wirken, wenn sie gut proportioniert und ordentlich geschnitten sind, eher wie ausgefeilte Steinmetzarbeiten. Aus diesem Grund setzt man die verschiedenen Formen oft ein, um den Grundriss an wesentlichen Punkten zu betonen und ein Gefühl wohl geordneter Ruhe zu vermitteln.

In Reihen oder Mustern angeordnete geometrische Formgehölze setzen im Garten visuelle Rhythmen. Als Paar verleihen sie Eingängen mehr Gewicht, einzeln wirken markante Formen am Ende einer Sichtlinie als Schlusspunkt oder Ausrufezeichen.

Beim Erziehen dieser Formgehölze ist Perfektion angesagt, vor allem beim Schnitt eines im höchsten Maße architektonisch aufgebauten Exemplars. Eine Zusammenstellung unterschiedlicher Elemente lässt sich in das Umfeld eines modernen Gebäudes integrieren und damit ein Garten schaffen, in dem Perspektiven und die Interaktion der verschiedenen Formen im Vordergrund stehen und nicht bunte Blumen. In einer asymmetrischen Anordnung könnten rechtwinklige Wasserbecken, Pergolen, formale Hecken und Formgehölze mit frei gewachsenen Bäumen oder Wällen aus organischen Formen von Formschnitt kontrastieren.

Rechts Die Strenge dieser Pyramiden steht in wundervollem Kontrast zu den duftigen rosa Cosmeen.

Säulen und Etagenformen

Topiary in Form klassischer Obelisken spiegelt die Form der steinernen Vorbilder wider: Sie zeigen einen quadratischen Grundriss und verjüngen sich nach oben hin pyramidenförmig. Schablonen aus dunkelgrün gefärbtem Holz mit Maschendraht, die es im Baumarkt gibt, erleichtern den Aufbau dieser Formen und sind, wenn die Zweige durch den Draht gewachsen sind, nicht mehr zu sehen. Die Spitze schneidet man zu einer Pyramide oder Kugelform. Solche Strukturen mit so markantem Profil sind ideal, um in einem formalen Rahmen Akzente zu setzen, etwa am Ende eines zentralen Wegs oder eines Wegs unter einer Pergola. Ein dekoratives Gerüst macht einen ausgeprägten Eindruck, lange bevor die Pflanze im Inneren die Mitte ausfüllt. Der Kontrast zwischen dem Gerüst außen und dem dunklen Grün innen lässt sich noch steigern, wenn man den Holzrahmen in helleren Farben hält. Man könnte auf die Idee kommen, mehrere Pflanzen zu setzen, damit die Grundfläche einer großen Form schneller ausgefüllt wird, doch das ist keine gute Lösung, denn die Pflanzen in der Mitte leiden später oft unter Lichtmangel. Besser verwendet man eine gut gewachsene Pflanze mit einem Leittrieb. Ideal sind Eiben mit ihrer ebenmäßigen Oberfläche, geeignet sind aber auch Ilex und, in milderem Klima, Steinlinde (*Phillyrea*) und Großblättrige Steineibe (*Podocarpus macrophyllus*).

Eine Pflanze mit säulenförmigem Wuchs, die daher nur sehr wenig Schnitt benötigt, ist die Irische Säuleneibe (*Taxus baccata* 'Fastigiata'), von der es auch einige sehr schöne goldgelbe Sorten gibt. Damit die Säulenform erhalten bleibt, lässt man nur einen Leittrieb stehen und schneidet alle seitlichen Triebe zurück.

Andere Formschnitt-Kreationen sind eher aus mehreren kontrastierenden Formen aufgebaut. Eine der einfachsten und dennoch augenfälligsten ist die Etagenform, die an eine mehrstöckige Torte denken lässt und die es in unterschiedlichen Ausführungen gibt. Wenn die einzelnen Etagen dicht zusammenstehen sollen, kann man oft von einer Säulen- oder Kegelform ausgehen, vorausgesetzt, sie besitzt einen durchgehenden zentralen Stamm. Bei manchen Ilex-Arten, etwa *I. aquifolium*, deren Seitenzweige von Natur aus etagenförmig angeordnet sind, arbeitet man die Form durch Schnittmaßnahmen stärker heraus.

Links Diese großen, kuppelförmigen Formgehölze schließen mit runden Formen ab, die von freier Hand geschnitten werden können.

Rechts Gleich Schornsteinköpfen wandeln sich diese Formgehölze von traditionellen Obelisken zu hohen, schlanken Pyramiden.

GRÜNE ARCHITEKTUR **101**

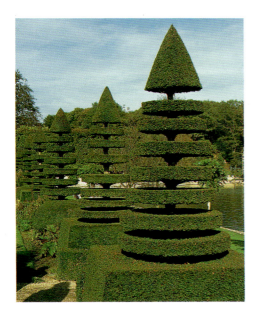

Oben Die makellosen Etagenformen, mit mathematischer Präzision geschnitten, sind das Werk eines erfahrenen Topiarygärtners.

Oben Für diese Form wurde ein Leittrieb in der Mitte des Eibenblocks gezogen und eine Reihe von Etagen geschnitten.

Oben Etagenformen mit relativ dicken Schichten kann man aus älteren Pflanzen mit durchgehendem Mitteltrieb formen.

Kugeln und Kuppeln

Am beliebtesten sind Formgehölze mit schlichter, runder Kontur. Mit ihnen setzt man rhythmische Akzente, rahmt Eingänge und definiert den Grundriss eines formalen Gartens.

Kuppelformen sind besonders einfach zu erziehen, und viele Pflanzen sind hierfür geeignet. Manche Liebhaber von Formgehölzen ziehen solche Kuppelformen den Kugeln vor, da hier alle Partien Licht bekommen und die Pflanzen an der Basis nicht verkahlen. Zu den immergrünen Kandidaten zählen die olivgrüne *Hebe rakaiensis* und Buchssorten wie *Buxus microphylla* 'Green Pillow' und *B. sinica* var. *insularis* 'Tide Hill', die von Natur aus gedrungen wachsen und nur wenig Schnitt benötigen. Für größere Kuppeln verwendet man Eibe und Ilex, gelegentlich auch die raschwüchsige Portugiesische Lorbeerkirsche (*Prunus lusitanica*) oder Immergrünen Schneeball (*Viburnum tinus*). Alternativen sind silbrig belaubte *Brachyglottis* 'Sunshine', grüne oder panaschierte Sorten des Spindelstrauchs (*Euonymus japonicus*), strauchige Kamelien und glänzend grüner Chinesischer Klebsame (*Pittosporum tobira*). Eine feinere Textur weisen

Oben Kugeln aus Buchs in Terrakottatöpfen sind klassische Ikonen des Formschnitts. Eine ähnliche Form, die leichter zu erzielen ist und von unten her nicht zum Verkahlen neigt, ist die Kuppel.

Links Immergrüne Kugeln passen gut in Rabatten, wo sie, vor allem im Winter, gefällige Formen und Strukturen bilden, ohne zu formal zu wirken.

neben Eibe, Buchs, Japanischer Stechpalme *(Ilex crenata)* und Delavays Liguster *(Ligustrum delavayanum)* auch Strauchheckenkirsche *(Lonicera nitida)*, kleinblättrige, immergrüne *Cotoneaster* und Duftblüte *(Osmanthus* x *burkwoodii)* auf. Für niedrige Kuppeln eignen sich kompakter Lavendel, Sorten von Spindelstrauch, kleinblättriger Strauchehrenpreis und Heiligenkraut.

Buchssorten wie der kompakte *Buxus microphylla* 'Faulkner' sind ideal für Kugeln oder Kuppeln mit feiner Textur und wirken in einem modernen Garten gut in verzinkten Töpfen.

Unten Eine Abwechslung zum Grün: blaue Scheinzypressen in Kuppelform als Abgrenzung an einem Wassergarten im italienischen Stil.

Oben Durch die Verbindung von Formen entstehen auffälligere Elemente. Hier wurde einer Kugel ein »Kragen« umgelegt.

Pyramiden und Kegel

Der Kegel zählt zu den klassischen geometrischen Formen, ist leicht zu erziehen und äußerst vielseitig zu verwenden. Die genaue Form kann variieren und reicht von schmal und scharf zugespitzt bis hin zu breit ausladend mit stumpfer Spitze. Erstere passen gut in moderne, architektonische Gärten und wirken besonders eindrucksvoll, wenn sie in gleichmäßigem Abstand aufgereiht oder schachbrettförmig angeordnet werden. Letztere können einzeln oder paarweise in einem zwanglosen Landhausgarten verwendet werden. Kegel eignen sich gut für Kübel und werden oft auch dazu benutzt, um in der Gartengestaltung Schlüsselstellen zu betonen.

Für einen Kegel geht man gewöhnlich von einer Pflanze mit aufrechtem Wuchs und einem Leittrieb in der Mitte aus, die beim Erziehungsschnitt stets im Gleichgewicht bleibt und nicht auseinander bricht oder schief wird. Bei einem radikalen Form-

Oben Schlanke Pyramiden aus Eibe bilden eine Allee von Strukturen, die erst im Winter so richtig hervortreten.

schnitt ist es meist besser, stufenweise vorzugehen und der Pflanze zwischendurch Zeit zu geben, sich zu regenerieren und dicht und gleichmäßig neu auszutreiben. Wer sich nicht traut, aus freier Hand zu schneiden, sollte entweder einen kegelförmigen Rahmen kaufen, über die Pflanze stellen und alle vorspringenden Triebe abschneiden oder sich einen zeltförmigen Rahmen aus Bambusstäben basteln. Das untere Ende jeder Bambusstange wird in die Erde gesteckt und der Rahmen entfernt, wenn die grundlegende Form erzielt wurde.

Ägyptische Pyramiden sehen sehr beeindruckend aus, aber Proportionen und Winkel müssen haargenau stimmen. Zuerst fertigt man eine Zeichnung oder ein Modell an und vergrößert es dann maßstabgerecht. Pyramiden mit gleichseitigen Dreiecken wirken eher niedrig und gedrungen, man kann aber schmale, spitz zulaufende Formen gestalten, die sich sehr gut für Alleen und Ausblicke eignen. Eibe ist eine sehr gute Wahl, aber auch Ilex, Steineiche oder Buche, Letztere bildet in den Wintermonaten einen auffälligen Farbkontrast zu den Immergrünen.

Oben rechts Ein Paar Kegel aus panaschiertem Buchs (*Buxus sempervirens* 'Elegantissima') in Töpfen setzt mit einer panaschierten Funkie an der Tür einen eleganten Akzent.

Links In diesem zeitgenössischen Garten prägen die ausladenden Pyramiden aus Eibe Stil und Charakter und tragen zur Synthese mit der historischen Umgebung bei.

Rechts Die Reihe dunkler Eibenpyramiden in diesem makellos gepflegten Garten bietet mit der herbstlichen Laubfärbung einen phänomenalen Anblick und bildet eine Sichtachse, die das Auge in die dahinter liegende Landschaft führt.

Zylinder und Türme

Große, zylindrische Formgehölze dienten früher dazu, imposante Alleen zu gestalten, die zum Beispiel zu einer weit entfernten Stelle in der Landschaft führten. Aber auch ein für sich allein stehender Zylinder ist faszinierend und kann zum spannungsgeladenen Fokus werden – zum Beispiel in einer Rabatte voller Pflanzen mit auffallender Belaubung.

Tatsächlich kann man einer vorhandenen Pflanze manchmal zu einem neuen Leben verhelfen, indem man ihr die wohl definierte Gestalt eines Zylinders gibt. Geeignete Kandidaten wären breit kegel- oder säulenförmige Koniferen, etwa bunte Sorten von Thuja und *Chamaecyparis*, aber auch Ilex und Lorbeer. Eiben und die an Ilex erinnernden Steineichen *(Quercus ilex)* sind die traditionellen Favoriten für große Zylinder, es eignen sich aber auch Buchsbaum, Ilex und Liguster *(Ligustrum ovalifolium)*. In milderen Gegenden ist dieser Liguster in nicht zu strengen Wintern praktisch immergrün.

Ein Zylinder wird so geschnitten, dass seine Oberseite flach ist. Die Seiten prüft man mithilfe eines Lots. Nach dem Schnitt holt man mit einem Bambusrohr alle liegen gebliebenen Zweige herunter, da sie Pilzkrankheiten begünstigen.

Eine schöne Abwandlung ist der Turm, der entweder gerade oder leicht schräg zulaufende Seitenwände aufweist und oben geformt wird – man denke an eine riesige Pfeffermühle mit kuppel- oder kegelförmigem Aufsatz. Türme wirken im Garten wie Befestigungsanlagen. Man setzt sie ans Ende von formalen Hecken oder paarweise wie Wachposten neben den Eingang.

GRÜNE ARCHITEKTUR **107**

Ganz links In großen Gärten kann man es sich erlauben, markante Strukturen zu setzen. Elemente wie diese beeindruckende Allee von Steineichenzylindern, die an massive Steinsäulen erinnern, erzeugen eine dramatische Wirkung.

Links Soll diese Art formaler Gestaltung mit Formgehölzen wirken, müssen die Zylinder wie aus Stein gehauen wirken. Der beste Eindruck ergibt sich unmittelbar nach dem Schnitt.

Unten links Verschiedene geometrische Formen und Pflanzensorten in einer Grenzhecke schaffen Abwechslung. Hier sind es goldgelbe Eibenkuppeln und dunkelgrüne Eibenzylinder.

Unten rechts Säuleneiben neigen dazu, auseinander zu fallen, wenn man dem nicht durch Schnitt entgegenwirkt. Hier hat man sich diese Neigung zunutze gemacht und ungewöhnliche Trötenformen geschaffen.

Spiralen und ähnliche Formen

Spiralen sind so auffällig, dass sie für sich allein verwendet werden können, aber auch als Paar an der Vordertür oder einem anderen Eingang im Garten und sehr wirkungsvoll auch in kleineren Gruppen. Spiralen können ganz unterschiedliche Gestalten haben, von üppigen Figuren mit sinnlichen Kurven bis hin zu schlanken Wickeln, die an eine Blättergirlande erinnern, die um einen Stab gewunden wurde.

Der schlanke Typ ist heikler, da das Erziehen länger dauert als bei den vollen Formen, die man praktisch auf Anhieb zurechtschneiden kann, und er erfordert vom Gärtner mehr Erfahrung. Oft werden solche Formen aus recht schnell wachsenden Koniferen wie Wacholder, Lebensbaum und Scheinzypresse gezogen, sind aber dennoch recht teuer. Manche dieser Formen sind aber nicht so schwer zu gestalten, wie man vielleicht denkt.

Oben Spiralformen können unterschiedlich groß sein. Es gibt daher für jeden Garten die passende Größe, auch für kleine Innenhöfe oder wie hier für eine Terrasse.

Oben Spiralen sind Elemente, die Bewegung signalisieren. Oft werden sie paarweise zum Flankieren von Eingängen verwendet, doch wirkt eine zufällige Zusammenstellung eher zeitgenössisch.

Buchsbaum ist ideal für kleine bis mittlere Spiralen in Kübeln, Eiben sind die bessere Wahl für große, ausgepflanzte Exemplare.

Formiert man eine Spirale, kann man dieser seinen eigenen Stempel aufdrücken, denn es gibt mehrere veränderbare Faktoren. Auf der einen Seite gibt es gedrungene Schneckenhäuser mit sehr breiten Windungen und nur ganz schmalen Furchen. Hier folgen die Windungen lückenlos aufeinander. Stellt man sich nun vor, dass man die Spitze ein klein wenig anhebt, sodass sich die Windungen ein wenig voneinander abheben, so erhält man die nächste Variante mit einem etwas steileren Winkel. Dieser Winkel bestimmt zusammen mit der Weite der Windungen den Eindruck von Bewegung, der von behäbig bis hin zu dynamischen Drehungen reicht. Zuweilen wird eine Spiralfurche nicht in einen Kegel, sondern in eine Säule geschnitten, ebenso kann man nahezu horizontale Windungen anlegen, die an ein leichtes Durcheinander erinnern.

Was einem auch vorschwebt, es schadet nicht, wenn die Spirale nicht ganz exakt ausfällt oder mit der Zeit von der ursprünglichen Form abweicht und sich zur Seite neigt. Formgehölze werden auf ihre alten Tage oft wunderlich oder exzentrisch!

Oben Die behäbigen Windungen dieser verdrehten, grünen Konifere stehen in wundervollem Kontrast zu den dunklen Blöcken und Hecken aus Eibe in einem architektonisch gestalteten Garten.

Spiralen stecken voller Bewegung. Über die endgültige Größe muss man sich schon zu Anfang im Klaren sein. Denn man kann nicht mit einer kleinen Spirale beginnen und daraus eine größere ziehen: Entweder kommen weitere Windungen hinzu, oder vorhandene müssen umgestaltet werden.

Wie man eine Spirale schneidet

1

2

3

1 Man beginnt mit einem mehrfach geschnittenen und daher dicht gewachsenen Kegel. Will man tiefe Furchen schneiden, sollte ein zentraler Leittrieb mit Seitenästen vorhanden sein. Man bindet ein Stück Schnur oder Bast an der Spitze der Pflanze fest und wickelt es spiralförmig herum, sodass eine sich nach oben verjüngende Spirale entsteht. Die Schnur wird an bereits vorhandene Lücken im Grün angepasst. Die Zahl der Windungen hängt von der Höhe der Pflanze ab, üblich sind drei oder fünf.

GEEIGNETE PFLANZEN

Aufrecht wachsende Arten und Sorten mit zierlichem Laub:

Buxus sempervirens (Buchs)
Chamaecyparis (Scheinzypresse)
Juniperus (Wacholder)
Laurus (Lorbeer)
Taxus baccata (Eibe)
Thuja (Lebensbaum)

2 Mit einer Hecken-, Garten- oder Schafschere schneidet man die erste Furche, wobei die Schnur als Anhaltspunkt dient. Man beginnt vorsichtig, arbeitet von oben nach unten und zieht die Streifen so gleichmäßig wie möglich. Dann arbeitet man sich in die Mitte vor und schneidet dabei alle dickeren Äste aus.

3 Mit dem weiteren Schnitt vertieft man die Furche und formt abgerundete Windungen. Schließlich stellt man die Pflanze an einem geschützten Ort auf und schafft optimale Wuchsbedingungen, damit sie sich rasch erholt und voller wird. Damit die Form erhalten bleibt, schneidet man im Frühling und Spätsommer.

Rechts Die Buchsspirale ist so geschnitten, dass der Stamm zu sehen ist: Sie wirkt wie eine um einen Stab gewundene Girlande.

Hochstämmchen

Eine schlichte Kugel oder Kuppel, ein Kegel oder ein stilisierter Vogel auf einem schlanken Stamm ist stets ein elegantes Formgehölz. Ganz gleich in welchem Design, Hochstämme verleihen einem Garten etwas Stilvolles. Man denke an Skulpturen in Töpfen auf der Terrasse, wie sie sich über ein Blumenbeet erheben oder paarweise als Umrahmung eines Eingangs dienen. Viele Gärtner verfügen über Erfahrungen, wie man frostempfindliche Sträucher wie Fuchsien und Strauchmargeriten (Argyranthemum) zu Hochstämmen erzieht, dieselbe Technik wendet man auch bei Buchs, Lorbeer, Ilex und anderen an.

Hochstämme aus Buchs in Kübeln sind ideal für kleine Stadtgärten, da die Pflanzen recht zierlich sind und Dicke und Höhe der Stämme in einem ausgewogenen Verhältnis zur Größe der Krone stehen. Andere Pflanzen wie etwa der als Buchsersatz beliebte kleinblättrige Liguster (Ligustrum delavayanum) eignen sich nur für hohe Stämme mit relativ großer Krone, weil der Stamm von Natur aus recht dick ist.

Im Idealfall beginnt man mit einer Jungpflanze, die noch nicht entspitzt wurde. Geeignete Sämlinge, etwa von Immergrünem Schneeball (Viburnum tinus) oder *Ilex aquifolium,* findet man manchmal im Garten. Als Alternative kauft man Jungpflanzen mit einem durchgehenden, an einen Stab gebundenen Leittrieb. Seitentriebe werden entfernt, vorhandenes Laub aber noch am Stamm belassen, da dies die Stammbasis kräftigt. Sobald der Stamm bis knapp auf die gewünschte Höhe gezogen wurde, entfernt man die Endknospe, um die Bildung von Seitentrieben anzuregen. Schnell kommt man mit buschigen Exemplaren zum Ziel, wenn diese einen geraden Stamm besitzen. Von klein auf herangezogene Hochstämme kann man als Korkenzieher formen, indem man den noch biegsamen Stamm um einen Pfahl wickelt, der später entfernt wird. Auch Kletterpflanzen wie Kap-Bleiwurz (Plumbago auriculata) und Geißblatt (*Lonicera periclymenum*) lassen sich als Hochstamm ziehen, indem man mehrere Triebe um einen Stab flicht und dann die Krone formt.

Rechts Die spiraligen Windungen einer Sorte der Sicheltanne (Cryptomeria) geben diesem Hochstamm das Aussehen eines Mopps.

Ganz rechts Der Lorbeer mit gewundenem Stamm entstand, indem der junge, in die Höhe wachsende Stamm um einen stützenden Stab gewunden wurde.

GRÜNE ARCHITEKTUR **113**

Oben Zwei seltsame Vögel aus Buchs haben ein noch eleganteres Wesen bekommen, indem man sie auf lange Stelzen erhoben hat.

Ganz links Heller, klar konturierter *Buxus sempervirens* 'Elegantissima' als Kugel auf einem Hochstamm über einem Pflanzenteppich.

Links Dieser Hochstamm ist besonders glatt und gerade und steht fein säuberlich im rechten Winkel zu der akkurat geschnittenen Hecke.

Man erwirbt eine buschige Pflanze mit ausgeprägtem, aufrechtem Mitteltrieb. Diese Pflanze muss die Endhöhe des fertigen Hochstamms haben, da sie später eher fülliger als höher wird. Die Behandlung wirkt recht drastisch, aber schon bald wächst die Krone, die weiter geformt werden kann.

Hochstämmchen erziehen

1

2

3

4

GEEIGNETE PFLANZEN

Buxus sempervirens (Buchs)
Cupressus (Zypresse)
Ilex aquifolium (Ilex)
Laurus (Lorbeer)
Lonicera nitida (Strauchheckenkirsche)
Osmanthus (Duftblüte)
Rosmarinus officinalis (Rosmarin)

1 Schneiden Sie alle Triebe an der Stammbasis ab, lassen Sie nur einen aufrecht wachsenden Trieb mit Seitentrieben auf der ganzen Länge stehen. Seitentriebe von der Basis bis zum Ansatz der Krone entfernen, nur ein paar beblätterte, kurze Triebe belassen, die dazu beitragen, dass der Stamm erstarkt.

2 Die Krone gestaltet man, indem man alle Seitentriebe so einkürzt, dass eine Kugel entsteht. Das Ende des Leittriebs nimmt man heraus, um das Wachstum von Seitentrieben anzuregen. Weitere Endknospen mit Daumen und Zeigefinger ausknipsen.

3 Binden Sie den Stamm an einen senkrechten Stab, der bis zur Unterkante der Krone reicht. Die Gestaltung der Krone wird mit deren weiterem Wachstum fortgesetzt. Geben Sie einen langsam wirkenden Dünger und gießen Sie ausreichend. An einem Ort mit Schutz vor direktem Sonnenlicht und Wind aufstellen.

4 Für den letzten Schliff die Schere umdrehen, sodass die Klingen der Krümmung der Kugel folgen. Weiterhin alle Blätter und Triebe ausknipsen, die am Stamm oder an der Basis erscheinen.

Oben Der fertige Hochstamm vor einer Buchenhecke.

GRÜNE ARCHITEKTUR 115

Das Schöne am Formschnitt mit Efeu ist, dass man schon in kurzer Zeit klassische Formen erzielt. Mit Efeu bedeckte Schablonen eignen sich gut für Töpfe und sind ideal für kleine Gärten. Einfache Formen wie zweidimensionale Sterne oder Herzen fertigt man aus dickem, verzinktem Draht.

Efeuformen schaffen

1

2

3

4

ANMERKUNG
Legt man eine Spirale an, wickelt man mehrere Triebe um die Windungen und lässt sie bis zur Spitze wachsen. Für einen Hochstamm dreht man die Triebe um den Hauptstamm und zieht sie dann auseinander, um die Krone zu formen. Die Blätter am Stamm werden entfernt.

1 Verwenden Sie reingrüne Efeupflanzen, am besten solche mit langen Trieben, damit Sie rasch Erfolge erzielen. Wählen Sie eine Sorte mit kurzen Internodien (das ist der Stängelbereich zwischen den Blättern), da sie zwar kompakt wachsen und dicht beblättert sind, aber nicht so stark, dass sie den Rahmen sprengen. Bringen Sie die Schablone in die richtige Position und setzen Sie dann die Efeupflanzen am Topfrand am Fuß der Schablone. Diese Vorgehensweise ist bei allen Arten von Schablonen für Efeuformen gleich.

2 Wickeln Sie die Efeutriebe um die aufrecht stehenden Streben. Anbinden ist meist nicht nötig, da die Blattstiele wie Klammerhaken wirken. Bedecken Sie die Streben möglichst gleichmäßig mit Laub.

3 In dem Maße, wie die Pflanze wächst, breiten Sie die Neutriebe aus, bis die gesamte Form bedeckt ist.

4 Dann entfernen Sie alles überschüssige Laub, um die Spiralform zu erhalten. Regelmäßig mit Flüssigdünger düngen.

Oben Die fertige Efeuspirale wird bald üppiger und dichter werden.

GEWACHSENE SKULPTUREN

Formschnitt ist eine überaus wandelbare Kunstform. Sie bringt skulpturale Elemente hervor, die uns in Entzücken und Staunen versetzen. Manchmal, etwa bei organischen, frei fließenden Formen, ist das Ergebnis vollkommen abstrakt. In anderen Fällen, etwa beim fernöstlichen Wolkenschnitt mit Darstellungen uralter, vom Wind geformter Bäume, sind die Formen sehr gegenständlich. Ein Lieblingsthema grüner Skulpturen sind Tiere, entweder mithilfe von Schablonen oder freihändig geschnitten. In formalen Gärten findet man die klassischen Pfauen und die Wappenlöwen ebenso wie Sträucher, die in Vasen- und Urnenform geschnitten sind.

In eher avantgardistisch ausgerichteten Gärten ist inzwischen praktisch alles möglich. Wie wäre es damit, Passanten mit einer Giraffe oder einem Krokodil auf dem Rasen im Vorgarten zu überraschen? Wer es sich nicht zutraut, so ohne weiteres seine Hecke oder seinen Lieblingsstrauch in ein Stück Kunst zu verwandeln, der findet ganz

Links Die Zusammenstellung unterschiedlicher geometrischer Formen aus Eibe bildet in diesem Garten ein eindrucksvolles und dynamisches architektonisches Element, das an Mauerwerk erinnert.

bestimmt eine hilfreiche Vorlage, an der er sich orientieren kann.

Formgehölze müssen richtig platziert werden. Manchmal gebietet der Stil des Gartens über die Art des Objekts. Ein zwangloser Cottage- oder Countrygarten könnte mit Tieren vom Bauernhof oder heimischen Wildtieren wie etwa Vögeln ausgestattet werden. Neben ein Wasserbecken passen Watvögel oder Wassertiere, an der Einfahrt macht sich ein Oldtimer gut. Aber auch persönliche Vorlieben und Stimmungen können einen bedeutenden Einfluss ausüben.

Rechts Eine Lage Efeu, die über einer Pfostenreihe gezogen wurde, schwächt diese Abgrenzung in ihrer Wirkung ab und bildet eine abstrakte, gewachsene Skulptur, die sich perfekt in den Ort einfügt.

Unten Werden Figuren wie dieses Reiherpaar (aus moosgefüllten Schablonen) zusammengestellt, so wirken sie lebendiger und es entsteht eine hübsche Szene. Die Reiher, die im Gras recht natürlich wirken, sind ganz leicht mit Raureif überzogen, was den Reiz des Designs noch erhöht.

Links Dieses volkstümliche Kunstwerk passt sehr gut in die zwanglose Umgebung des Countrygartens. Man könnte fast meinen, dass der stilisierte Vogel, der durch den runden Sockel hervorgehoben wird, auf seinem Nest säße. Schlichte Vogel- und andere Tierfiguren wirken stets zarter als geometrische Formen.

FIGUREN

Wo ein Gehölz in Form eines Tieres oder einer menschlichen Gestalt steht, wird es Aufmerksamkeit erregen. Man muss sich aber keineswegs auf die übliche Menagerie beschränken, sondern kann sich etwas wirklich Originelles einfallen lassen.

In das Reich des Formschnitts fallen auch bizarre, ja sogar surrealistische Formen. Anregungen findet man in den unterschiedlichsten Gebieten, in Sammlungen, Mythen, Legenden oder Filmen. Vielleicht ist es die Lieblingsfigur eines Kindes aus einem Zeichentrickfilm, ein Tier oder ein Fabelwesen.

Manche Figuren sind nur mithilfe eines Rahmens oder einer Schablone zu erzielen, andere lassen sich auch von freier Hand gestalten, wenn man eine künstlerische Ader hat. Der einzige Nachteil ist die Zeit, die es dauert, bis die Pflanze herangewachsen ist. Wer rasch Ergebnisse erzielen möchte, für den sind mit Moos gefüllte Schablonen möglicherweise das Richtige.

Geometrische Formen werden in der Regel aus einer Sorte einer nicht panaschierten Pflanze geschnitten, da man so klare Umrisse erhält. Allerdings kommt bei Figuren auch das Spielerische hinzu, und man muss es daher mit den Regeln nicht so genau nehmen. Gefüllte Schablonen sind in dieser Hinsicht am vielseitigsten, da man Pflanzen mit unterschiedlicher Laubfärbung und -textur in das Moos setzen und damit unterschiedliche Strukturen darstellen kann, zum Beispiel die weiße Zeichnung im Fell eines Pandas oder die Mähne eines Löwen. Es erfordert jedoch Erfahrung, will man zwei unterschiedliche Pflanzen zusammensetzen. In Disney Worlds in Florida hält eine Mary Poppins aus grünem *Ilex vomitoria* einen Sonnenschirm aus Feuerdorn *(Pyracantha coccinea)*. Dieser Schirm erblüht im Frühling wie von Zauberhand und trägt im Herbst rote Beeren! In diesem Fall wächst der Stamm des Schirms durch die Hauptfigur hindurch. Und auf Sudeley Castle im englischen Gloucestershire flaniert eine Dame im Tudorkostüm (aus einer Schablone mit Efeu) mit einer langen Schleppe aus einer Kletterrose, die ihr bis zu den Schultern reicht. Den letzten Schliff gibt ein kleines, rotes Buch, das sie in der Hand hält und zu lesen scheint.

Rechts Mit Schablonen kann man sich an schwierigere Formen wie diese Tänzerin herantrauen.

Tiere

Es gibt einige traditionelle Tiergestalten, die schon immer in europäischen Formschnittgärten zu finden waren. Die Menagerie wird aber immer größer und beinhaltet heutzutage auch exotische Geschöpfe, Sagentiere, prähistorische Monster und Tiere aus Trickfilmen. Das funktioniert, weil heute alle möglichen Schablonen per Post bestellt werden können. Bei den gefüllten Schablonen ist Amerika führend, einige der schönsten Beispiele findet man in den dortigen Themengärten wie etwa Disney World in Florida. Hier werden riesige Figuren, darunter auch herkömmlich geschnittene, mithilfe von geschweißten Schablonen oder Rahmen aus Stahlstäben erschaffen.

Schablonen nehmen die Bedenken, die manch einen beim Gedanken an den Schnitt von Figuren überkommen. Für den Hausgebrauch sind Schablonen aus 3–5 mm starken Stahlstreben zu empfehlen. Da die Streben recht weit auseinander stehen, kann man die Schablone einfach bepflanzen und alles, was übersteht, einfach abknipsen. Manchmal muss man allerdings einige Zweige in eine bestimmte Richtung lenken, damit sie einen bestimmten Teil der Schablone bedecken.

Nicht immer ist es möglich, die Schablone zu entfernen, wenn die Figur sie ausgefüllt hat, und meistens kann man sie auch ohne weiteres belassen. Hat man vorgeformte Gehölze mit Schablone erworben, muss man darauf achten, die Plastik- oder Drahtschnüre von Trieben, die am Rahmen festgebunden wurden, zu lösen, bevor diese ins Holz einschneiden. Sie werden durch elastisches Bindematerial ersetzt.

Als Pflanzen eignen sich Eibe, Buchs, *Ligustrum delavayanum* und Immergrüne Strauchheckenkirsche (*Lonicera nitida*). In frostfreien Gebieten mit heißen Sommern verwendet man in den Vereinigten Staaten statt Eibe die Großblättrige Steineibe (*Podocarpus macrophyllus*) und statt Buchs *Ilex vomitoria* und deren Sorten. Liegende Figuren sind besonders einfach und schnell zu formen, da man hier die Basis mit mehreren Pflanzen einer Art ausfüllen kann. Hochstämme mit einer Figur oder Figuren wie etwa eine Ballerina auf einem Bein brauchen länger, weil man erst den Leittrieb auf die gewünschte Höhe ziehen muss, bevor man ihn abschneidet und so die Bildung von Neutrieben an dieser Stelle anregt.

Oben Eine Schnecke aus Immergrüner Strauchheckenkirsche (*Lonicera nitida*) ist eine amüsante Idee für einen Gemüsegarten.

Oben Vorher und nachher: Mithilfe einer Schablone und Moos entsteht im Garten für Kinder ganz schnell ein Kaninchen.

GEWACHSENE SKULPTUREN **123**

Oben Am Flussufer lauern drohend Krokodile. Diese lang gestreckten Figuren wurden mit vielen Buchspflanzen bepflanzt, die die Schablone schnell ausfüllen und dann ganz einfach geschnitten werden können.

Links Metallschablonen aus rostfreiem Stahl machen es leicht, mit Moos gefüllte Formen zu kreieren. Es steht eine ganze Reihe von Figuren zur Auswahl.

Vögel wie etwa Hühner, Fasanen und Pfauen sind unter anderem deshalb besonders beliebt, weil die Konturen klar und deutlich zu erkennen sind und sie im Garten nicht deplatziert wirken. Diese Figuren lassen sich recht einfach von freier Hand schneiden und zeigen garantiert gute Ergebnisse.

Wie man einen Vogel formt

1

2

3

4

1 Am besten nimmt man eine buschige, gut gewachsene Pflanze. Im Idealfall hat sie einen Stamm in der Mitte, der als Bein geformt werden kann. Hier wurde Buchsbaum verwendet, es könnte aber auch Liguster *(Ligustrum delavayanum)* oder, wenn es schnell gehen soll, Immergrüne Strauchheckenkirsche *(Lonicera nitida)* sein. Man teilt den Busch mit den Händen etwa in der Mitte, wobei der Kopf aus einem einzelnen Trieb und der Schwanz aus mehreren aufgebaut wird. Ein Stab, schräg in den Topf gesteckt, hilft bei der Gestaltung von Kopf und Hals. Um die Triebe für den Schwanz zu formen, hängt man einen Stein an einer Schnur an sie, sodass sie einen leichten Bogen bilden.

GEEIGNETE PFLANZEN

Buxus sempervirens (Buchs)
Ilex (Stechpalme)
Ligustrum delavayanum (Liguster)
Lonicera nitida (Geißblatt)
Podocarpus microphyllus (Steineibe)
Taxus baccata (Eibe)
Thuja (Lebensbaum)

2 Zunächst formt man die Grundzüge der Gestalt, wobei alle dickeren Zweige mit der Gartenschere ausgeschnitten werden. Dabei schüttelt man den Busch immer wieder, um Laub und Zweige zu lockern.

3 Mit der Heckenschere schneidet man das Zentrum der Pflanze und formt die Rückenkrümmung der Vogelgestalt.

4 Dann formt man Kopf und Hals. Für den Schnabel windet man einfach ein Stück Draht um den noch biegsamen Trieb. Achten Sie darauf, die Pflanze regelmäßig zu düngen und zu gießen, damit sie sich schneller erholt. Die Schnüre und Gewichte entfernt man nach drei Wochen bis sechs Monaten.

Rechts Der fertige Vogel sieht vor einem schlichten Hintergrund – hier eine Buchenhecke – ganz eindrucksvoll aus. Der Schwanz hebt sich von dem braunen Herbstlaub sehr schön ab.

Mit gefüllten Schablonen, im Englischen »chlorophyll« genannt, lassen sich rasch Ergebnisse erzielen und erstaunliche Figuren schaffen. Bodendecker, aber auch viele Alpine und Sukkulenten zeigen gute Ergebnisse, wenn sie dort wurzeln, wo sie mit der Moosfüllung Kontakt haben.

Wie man gefüllte Schablonen fertigt

1 2 3 4

1 Stecken Sie die Schablone fest in den Boden oder den Topf, sodass sie fest steht. Schablonen aus verzinktem Draht oder Edelstahl rosten nicht und halten daher länger.

2 Tränken Sie das Torfmoos gründlich mit Wasser und füllen Sie dann die Schablone von den Extremitäten her aus. Das Moos fest stopfen, da es schrumpft und Hohlräume gibt, wenn es ein wenig trocknet.

GEEIGNETE PFLANZEN
Alpine Kriechpflanzen und Sukkulenten wie etwa *Sempervivum*, Immergrüne Seggen, Gräser und grasartige Pflanzen
Ficus pumila (Kletterfeige); nicht winterhart
Hedera helix (Efeu)
Lysimachia nummularia (Pfennigkraut)
Mentha requienii (Korsische Minze); nicht winterhart
Soleirolia soleirolii (Bubiköpfchen); nicht winterhart

3 Wickeln Sie die Angelschnur aus Nylon eng um die Schablone, damit das Moos fest sitzt. Schneiden Sie überstehende Moosteile mit der Schere ab.

4 Drücken Sie mit einem Pflanzholz Vertiefungen in das Moos und setzen Sie dort die Setzlinge hinein. Die Pflanzen müssen dabei nicht die ganze Oberfläche bedecken, da sie mit der Zeit wachsen und dicht werden. Gegebenenfalls kann man die Triebe mit u-förmigen Haken aus Blumendraht am Moos befestigen. Halten Sie die Skulptur feucht und besprühen Sie solche Pflanzen, die keine Trockenheit vertragen, bei trockenem Wetter.

Rechts Manche moosgefüllte Schablonen wie dieser lebensgroße Reiher, der am Ufer eines Wasserbeckens watet, wirken im Garten recht natürlich. Wichtig ist der richtige Hintergrund oder die geeignete Kulisse, um eine Skulptur richtig in Szene zu setzen.

Ganz links Dieses ungewöhnliche, symmetrische Formgehölz befindet sich auf Château d'Angers in Frankreich. Die weiße, abstrakte Figur davor schafft eine Verbindung zwischen einem lebendigen Formgehölz und einer unbelebten Skulptur.

Links Diese zeitgenössische Gruppe hoher Kuppelformen bildet eine eindrucksvolle Komposition.

DIE NEUESTEN MODEN

Im weitesten Sinne ist Formschnitt die Kunst, Pflanzen zu formen. Innovative Künstler experimentieren mit Topiary: Sie erschaffen surrealistische Gartenlandschaften und moderne Kunstwerke, und sie modellieren sogar das Terrain neu und kreieren dort lebendige Formen aus grünem Gras.

Manche Anhänger des Formschnitts verwenden herkömmliche Formen wie Kugeln und Kegel in ungewöhnlicher Weise, ordnen sie in ausgefallenen Mustern an und kombinieren sie mit anderen Pflanzen. Neuartige Oberflächenmaterialien und unschädliche Farbsprays geben zusätzlich eine futuristische Note.

Schnittverträgliche Pflanzen sind in der Regel extrem leicht zu gestalten und können mit und ohne Schablone in neue, verblüffende, abstrakte Formen gebracht werden, die nicht zum Repertoire der üblichen Formen gehören. In diese Kategorie fallen organische, frei fließende Formen, wogende Hecken und Bäume mit Wolkenschnitt. Die Kunst des Wolkenschnitts wird im Fernen Osten zwar seit Jahrhunderten betrieben, nichtsdestotrotz sind die abstrakten Darstellungen aber von zeitgenössischem Charakter und passen ebenso gut an westliche Schauplätze. Dichte, geschnittene Oberflächen, die fast an Stein erinnern, eignen sich für »Schnitzarbeiten«, und Gartendesigner haben sich auch dieser Technik bedient, um mit quadratischen Feldern oder wirbelnden Spiralen interessante Wirkungen zu erzielen. Im Extremfall wird der Boden selbst in abstrakte Formen und Symbole umgestaltet. Labyrinthe und grasbedeckte Amphitheater wirken beeindruckend und sind doch wenig arbeitsaufwendige Elemente für größere Gärten. Am anderen Ende der Skala stehen in kleinen Gärten zeitgenössische Muster im Rasen, die selbst ein Anfänger hinbekommt, indem er einfach Rasenflächen unterschiedlich hoch mäht.

Eine extravagante Gruppe von Künstlern befasst sich damit, Teppichmuster aus kontrastierenden Pflanzen zu kreieren. Trockenheitsresistente Pflanzen im Baukastenprinzip oder im Wabenmuster angeordnet verwandeln kahle Mauern, wobei der Efeu das perfekte Material für Muster an Mauern darstellt.

Rechts Auf dem avantgardistischen Festival von Chaumont-sur-Loire gezeigte Objekte, die an venezianische Gondeln erinnern, mit Pflanzenmustern über aufsteigendem Nebel.

Wolkenschnitt

Wolkenschnitt wird zwar meist mit japanischen Gärten in Verbindung gebracht, ist aber in ganz Fernost zu finden. Es gibt zahlreiche, auf subtile Weise unterschiedliche Formen des Wolkenschnitts, aber allen gemein ist, wie der Name sagt, dass das Laub in wolkenartige Formen gebracht wird.

Die Wahl der Pflanze richtet sich nach der Größe des gewünschten Exemplars. Zierliche Kübelpflanzen mit Wolkenschnitt kann man aus vielen Sorten der Japanischen Stechpalme (*Ilex crenata*) heranziehen, aber auch aus *Ilex vomitoria*, aus Buchs und aus kleinblättrigem Liguster (*Ligustrum delavayanum*). Rasche Erfolge lassen sich mit Immergrüner Strauchheckenkirsche (*Lonicera nitida*) und mit Wacholder erzielen, von denen viele eine schöne abschälende Rinde besitzen. Für größere Exemplare sind Koniferen wie die Japanische Sicheltanne (*Cryptomeria japonica*), die Japanische Schwarzkiefer (*Pinus thunbergii*) und die Waldkiefer (*Pinus sylvestris* 'Watereri') ideal. Im Unterschied zu vielen anderen Formgehölzen geht man beim Wolkenschnitt stets von ausreichend herangewachsenen Pflanzen aus. Man sollte sich sein Exemplar sehr genau daraufhin ansehen, ob das Astwerk interessante Verzweigungen zeigt, bilden diese doch später einen wichtigen, sichtbaren Bestandteil. Mehrstämmige Pflanzen sind am besten geeignet, und je knor-

Wie man Wolkenformen erzieht

Verwendet werden Buchs, Japanische Stechpalme (*Ilex crenata*) und andere kleinblättrige Immergrüne. Große Pflanzen aus Gartenmärkten sind meistens recht teuer, deshalb sollte man sehen, ob nicht im eigenen Garten eine geeignete Pflanze steht, vor allem beim ersten Versuch. Achten Sie darauf, dass der Strauch ein gutes Astgerüst hat.

1 Das Laub mit beiden Händen teilen, um das Astgerüst freizulegen. Im Idealfall besteht es aus einem oder mehreren Stämmen mit kräftigen Seitenzweigen.

2 Schneiden Sie alle unerwünschten Zweige aus. Noch bleibt mehr stehen, als nötig ist. Drehen Sie die Pflanze immer wieder und begutachten Sie die Form.

3 Streifen Sie Laub und Zweige von den Haupttrieben, die stehen bleiben, ab. Bringen Sie einige Äste mit Bambusstäben und Draht in die gewünschte Form.

4 Stutzen Sie die Triebe an den Astspitzen, damit sie kompakt wachsen. Zwischen den »Wolken« bleiben Lücken. Schneiden Sie im Frühjahr und im Sommer.

riger und gedrehter die Zweige sind, desto besser wird das Ergebnis ausfallen. Es gibt zwar stärker stilisierte Formen des Wolkenschnitts, doch ursprünglich war das Ziel das Bild einer uralten, vom Wind zerzausten Bergkiefer, die aus einer Felsspalte wächst. Pflanzen, die sich zu einer Seite neigen, wirken am besten, wenn sie sich über einen Teich oder eine Kiesfläche biegen.

Als Erstes entfernt man alles Laub und die kleinen Seitenzweige von den Haupttrieben. Nur Laub und Zweige am Ende der Äste dürfen stehen bleiben, aus ihnen werden später die Wolken geschnitten. Für gewöhnlich sind Wolkenformen nicht symmetrisch, zuweilen sieht man aber Gehölze mit einem zentralen Mitteltrieb und relativ kurzen, wechselseitig gestuften Seitenzweigen. Der Stamm wird mithilfe von Bambusstäben geformt.

Oben Der Baum mit Wolkenschnitt, der sich über das Wasser beugt, scheint von den Elementen in Jahrhunderten geformt worden zu sein.

Links Ein Topiarygärtner im Parc Oriental nahe dem Tal der Loire schneidet einen größeren Baum.

Unten Japanische Stechpalmen eignen sich sehr gut für Bäume im Wolkenschnitt, die in Kübeln wachsen.

Oberflächenmuster

In die dichte Oberfläche formaler Hecken oder großer Formgehölze können reliefähnliche Muster geschnitten werden. Je feiner die Details ausfallen sollen, desto kleiner müssen die Blätter sein. Buchsbaum, Eibe und andere Nadelgehölze sowie die Immergrüne Strauchheckenkirsche *(Lonicera nitida)* sind ideal, vor allem dann, wenn sie durch regelmäßigen Schnitt eine gleichmäßige Verzweigung ausgebildet haben.

Die beste Zeit für die Bearbeitung ist, wenn die Oberfläche nach dem letzten Schnitt wieder sprießt. Eine der eindrucksvollsten Zusammenstellungen solcher Formgehölze kann man im Clipsham Yew Walk im englischen Rutland bewundern, wo in eine Eibenallee eine ganze Reihe von Motiven und Emblemen geschnitten wurde, darunter auch Regimentswappen.

Wie man Oberflächenmuster schneidet

Legen Sie eine Reihe von Motiven wie Quadrate, Rechtecke oder Rauten fest, indem Sie eine Rinne rund um eine mit Klebeband fixierte Schablone in die Strauchoberfläche schneiden. Moderne Muster sind Spiralen und keltische Symbole.

1 Die Wellenform dieser Hecke inspiriert den Künstler zu einem ägyptischen Auge. Der Umriss wird mit der großen Heckenschere festgelegt, das Auge selbst wird so geschnitten, dass es als Führer dient.

2 Eine v-förmige Rinne wird rund um das Auge geschnitten. Dann arbeitet man die Pupille heraus, indem man eine runde Vertiefung schneidet. Kahle Triebe werden bald austreiben; die Form braucht jedoch einen regelmäßigen Schnitt.

Mit Hecken-, Schaf- oder kleinen Gartenscheren lässt sich der Schnitt präzise ausführen. Obwohl oberflächliche Muster natürlich schnell wieder verschwinden, macht es Spaß, damit zu experimentieren. Es ist nicht schlimm, wenn durch den Schnitt das Innere mit kahlen Zweigen freigelegt wird. Vorausgesetzt, es handelt sich um Buchs oder Eibe, die rasch austreiben, wird die Stelle schnell wieder von neuem Grün verdeckt sein.

Obstgehölze wie Äpfel und Birnen können geschnitten und als Spalier mit horizontalen Ästen an Mauern gezogen werden. Ähnlich verwendbar sind auch Japanische Zierquitte (*Chaenomeles*) und Feuerdorn (*Pyracantha*), bei denen der Fruchtschmuck stärker ins Auge fällt. Starkwüchsige Pflanzen kann man auch über die gesamte Hauswand ziehen, wobei alle abstehenden Neutriebe entfernt oder an die Haltedrähte gebunden werden, sodass eine glatte Oberfläche wie eine zweite Haut entsteht. Fenster und Türen werden zusätzlich betont, wenn man Neutriebe sauber zurechtstutzt. Geeignete Pflanzen wären Fächer-Zwergmispel (*Cotoneaster horizontalis*) und Spindelstrauch (*Euonymus fortunei* 'Silver Queen').

Zum Haus passende, mit Latten an der Mauer befestigte Spaliere sind eine weitere hervorragende Möglichkeit, Pflanzen wie etwa Efeu daran zu ziehen und zu formen. Man kann sie als zweidimensionale Schablonen für Formschnitt verwenden und damit Muster schaffen, beispielsweise eine Reihe von Bögen. Sobald diese gleichmäßig begrünt sind, schneidet man alle überstehenden Triebe ab.

Efeu ist außerdem ideal für mehr fließende Formen, da er immergrün ist, sich selbst hält und gut auf Schnitt anspricht. Schablonen kann man aus kunststoffbeschichtetem Drahtspalier selbst anfertigen. Schlichte grüne Sorten von Efeu (*Hedera helix*) eignen sich gut, wo größere Blätter gewünscht sind, kann man Kolchischen Efeu (*Hedera colchica* 'Dentata') verwenden.

Oben Das Design dieser mit Buchs und Heiligenblume bepflanzten Mauer basiert auf einem schlichten Parterre.

Oben Eine Hecke aus Buchs, in einer wogenden Form geschnitten und mit erhabenen Mustern auf der Oberfläche, die an uralte Petroglyphen oder Felszeichnungen erinnern. Schlichte Gestaltungen wie diese sind besonders eindrucksvoll.

Organische Formen

Eine der radikalsten Entwicklungen in der Kunst des Formschnitts in Europa in den letzten Jahren war die Einführung frei fließender, organischer Formen. Dieser Stil ist als Kontrast zu klaren architektonischen Strukturen besonders eindrucksvoll, passt aber auch als Bodendecke in eher zwanglosen oder weniger intensiv gepflegten Bereichen.

Ein fernöstlicher Einfluss ist unverkennbar und die Verwandtschaft zum Wolkenschnitt nicht zu bestreiten, doch ist der Ansatz in Einklang mit modischen Trends und Ansätzen des New Age wie dem Feng-Shui. Kaum jemand hat zur Verbreitung dieser Technik und zur Verdeutlichung dessen, was in ihr steckt, mehr beigetragen als die Designer Jacques und Peter Wirtz.

Zu Hause kann es viel Freude bereiten, zu experimentieren und zu sehen, welche Formen sich entwickeln. Wer eine vielleicht schon etwas verwilderte bunte Hecke im Garten hat, könnte gleich anfangen und drauflosschneiden. Soll das Ergebnis aber etwas gleichmäßiger ausfallen, sollte man lieber ganz von vorne anfangen und nur Gruppen aus einer Art pflanzen.

Man kann jede einzelne Pflanze für sich schneiden oder die Pflanzen lieber zusammenwachsen und eine wellige Oberfläche mit Hügeln und Senken bilden lassen. Buchs ist das perfekte Material, denn selbst ohne Schnitt entwickelt er weiche, wolkenartige Konturen, die sich leicht betonen lassen. Außerdem kann er, obwohl er langsam wächst, beachtliche Ausmaße annehmen. Die Schönheit von auf naturalistische Weise geschnittenem Buchs kann man in Gärten an der Ostküste Nordamerikas, die zum Teil um 200 Jahre alt sind, erleben. Hier wurde der geometrische Formschnitt von Buchs bis vor kurzem eher mit Stirnrunzeln betrachtet und war im Wesentlichen auf historische Gärten der Kolonialzeit beschränkt.

Eine der in den Vereinigten Staaten am häufigsten gepflanzten Sorten ist *Buxus sempervirens* 'Suffruticosa', dort als Englischer Buchs bekannt. In den formalen Gärten Europas wird er für niedrige Einfassungen, Knoten und Parterres verwendet. In den Vereinigten Staaten hingegen lässt man ihn fast ungehindert wachsen, und hier bildet er wogende Bodendecken, hohe Hecken und grüne Wände. Die Pflege beschränkt sich auf ein leichtes Ausdünnen, damit mehr Licht und Luft ins Innere gelangen, und einen schwachen Schnitt. Weitere Pflanzen für die genannten Zwecke sind Cotoneaster und Strauchheckenkirsche *(Lonicera nitida)* sowie Japanische Azaleen.

Links Die Hügel von Kriechbambus werden durch überlegt gesetzte Steine betont. So entsteht eine natürlich wirkende Miniaturlandschaft.

Rechts Naturgemäßer Formschnitt kann viele Gestalten annehmen. Klassische geometrische Elemente mit runden oder welligen Formen erzielen äußerst originelle Ergebnisse.

Land-Art

In den 1960er- und 1970er-Jahren begann eine Gruppe von Künstlern nach Wegen zu suchen, wie sie die Landschaft als Leinwand für ihre Arbeit nutzen könnten. Manche der Arbeiten waren von ihrem Wesen her vergänglich, sie verwendeten alle möglichen vorhandenen natürlichen Materialien und schufen daraus auf der Erde Muster, aber eine Richtung dieser Land-Art-Bewegung (unter dieser Bezeichnung wurde sie bekannt) formte die Erde selbst mit Planierraupen in großem Maßstab und bedeckte die entstehenden Formen mit Gras. Heute finden solche mit Gras bedeckten Schöpfungen wieder zunehmend den Weg in Privatgärten wie in öffentliche Grünflächen.

Erdformationen im Garten sind bei weitem nichts Neues. Mit Gras bewachsene Aussichtshügel gab es schon in Gärten des Mittelalters, und in der Elisabethanischen Zeit entwickelten sich komplexere Elemente wie symbolisierte Schnecken oder spiralförmige Hügel. Viel später, im 18. Jahrhundert, gingen Anhänger der Landschaftsgartenbewegung daran, das natürliche Gelände umzugestalten und dadurch interessantere Aussichten zu schaffen. Auch wohl definierte geometrische Strukturen wurden angelegt, beispielsweise ein riesiges Amphitheater mit Grasboden, das in einen Hügel bei Claremont in Surrey gegraben wurde. Solche umfangreichen Bauten sind umso

Oben Land-Art-Elemente wie dieser Stufenhügel können eine ebene, offene Fläche im Garten verwandeln und Höhenunterschiede schaffen.

Links Diese bemerkenswerte Terrassierung wirkt beinahe so, als wäre ein Bauwerk aus Stein mit einem weichen Rasenteppich überzogen worden. Bei der Gestaltung solcher Land-Art-Elemente muss man sehr darauf achten, dass sie sich noch mit vertretbarem Aufwand pflegen lassen.

bemerkenswerter, als sie von Hand geschaffen wurden. Auch wenn wir dazu neigen, Land-Art als vergleichsweise modern anzusehen, so erinnern uns die Werke einiger zeitgenössischer Designer an Gestaltungen aus alter Zeit, zum Beispiel an neolithische Grabhügel und Befestigungen aus der Eisenzeit.

Die Inspiration für die Gestaltungen reicht vom Ästhetischen bis hin zum Spirituellen und Symbolischen. Ein zeitgenössischer Vertreter, der Architekturhistoriker Charles Jenks, gründet seine Strukturen sogar auf die Chaostheorie und die Muster der fraktalen Geometrie. Heutige Gestaltungen mögen daher breit geschwungene oder wirbelnde Linien aufweisen oder an Pyramiden oder Zikkurats (mesopotamische Stufentempel) erinnern. Sie können aber auch die Landschaft widerspiegeln oder natürliche Elemente nachahmen. In jedem Fall muss die Struktur gut verdichtet werden, damit sie stabil ist. Die Böschungen sollten nicht steiler als im Winkel von 45 Grad angelegt sein, damit man noch gut mähen kann. Wo die Bodenoberfläche wie in naturalistischen japanischen Teegärten mit Steinen und Erde konturiert ist, kann sie mit Moos und Pflanzen sanfter gestaltet werden.

Oben Mitten in einem Vorort von London liegt ein von japanischen Vorbildern inspirierter Wassergarten mit natürlich anmutenden Ufern, der als Miniaturausgabe eines sich dahinschlängelnden Flusstals angelegt wurde.

Links Wie ein riesiges abstraktes Kunstwerk wirkt dieser wellenförmige Erdwall, der an einigen Stellen mit Holz verstärkt wurde. Er wurde mit Rasen und – an den steileren Flanken, die rasch austrocknen – mit *Sedum* bepflanzt, das Trockenheit und Schatten verträgt.

Grasmuster

Möglicherweise denkt man bei Formschnitt nicht sofort an Gras, doch können bescheidene Grasflächen tatsächlich in verschiedenste dekorative Elemente verwandelt werden. Man nehme etwa den Rasen. Auf subtile Weise kann man, wenn man nicht immer in dieselbe Richtung mäht und einen Walzenmäher verwendet, attraktivere Muster als nur bloße Streifen erhalten. Dabei kann man sich den Lauf der Sonne im Garten zunutze machen. Zum Beispiel wird ein zweiter, schräg verlaufender Schnitt, der zunächst kaum zu sehen ist, aufscheinen, wenn die Sonne diese Streifen beleuchtet, und den Blick in eine ganz andere Richtung durch den Garten lenken.

Auch an geschwungenen Kurven und anderen Mustern auf dem Rasen, die man aus unterschiedlich hoch geschnittenen Sektoren anlegt, kann man viel Freude haben, vergleichbar

Oben Ein schlichter Rasentisch und eine Gruppe von Rasenstühlen, die sich soeben aus dem Untergrund erhoben zu haben scheinen, ergeben ein fantasievolles und leicht herzustellendes Stück Gartenkunst.

Rechts Dieses kreisförmige Element mit einem Ziergehölz in der Mitte erinnert an ein Graslabyrinth. Sieht man genauer hin, erkennt man jedoch, dass es aus Grasstreifen besteht, die abwechselnd in unterschiedlicher Höhe gemäht wurden.

dem Malen abstrakter Formen auf einer Leinwand. Man verändert die Schnitthöhe für benachbarte Sektoren oder lässt einzelne Bereiche im Rasen ein- oder zweimal unberührt, während der Rest gemäht wird.

Ein einfaches Motiv, das man ausprobieren sollte, ist die Spirale. Man beginnt am Außenrand eines Kreises und mäht allmählich nach innen, wobei man einen Streifen als Wegbegrenzung frei lässt. Kinder lieben es, der Spur wie in einem Miniaturirrgarten zu folgen. Wer das Ungewöhnliche schätzt, kann auch mit Gras dauerhafte Gartenmöbel bauen. Ein Sessel mit einem Rahmen aus Pappe ist im Internet erhältlich. Einmal aufgestellt, füllt man die Zwischenräume mit Erde und sät Gras.

Rasenskulpturen legt man an, indem man zunächst Erde modelliert, ganz so, wie man das früher als Kind mit Sandformen gemacht hat. Anschließend sät man darauf Gras. Und gibt es etwas Bizarreres als Kleider aus Gras? Das ist zwar nicht gerade Alltagsbekleidung, aber einige Kostümbildner und Performancekünstler haben solche Kreationen angefertigt und getragen. Das Gras wird dabei auf Jutematten gesät, Erde braucht man nicht, darf aber nicht vergessen, täglich zu wässern.

Grüne Flechtwände

Werke aus Weidenzweigen sind heute eine beliebte Form der Gartenkunst. Gelagerte Weidenzweige muss man erst wässern, damit sie biegsam werden. Der Vorteil frischer Weidenruten besteht darin, dass die Zweige im Spätherbst oder im Winter nach dem Laubfall geschnitten werden, also dem optimalen Zeitpunkt für Steckholz. Wenn diese tief in den Boden gesteckt werden, damit die Konstruktion daraus fest steht, schlagen die Ruten ganz sicher Wurzeln und geben noch besseren Halt. Im Frühjahr wird die Konstruktion sich dann für lange Zeit mit schmalen Blättern schmücken.

Es gibt unzählige Konstruktionen, von zauberhaften grünen Lauben bis hin zu dekorativen grünen Wänden, die ganz leicht zu errichten sind. Für eine solche Wand mit einem attraktiven Rautenmuster steckt man die Weidenruten einfach schräg in die Erde, und zwar eine Hälfte der Ruten in eine, die zweite in die entgegengesetzte Richtung, und verflicht die Zweige dann miteinander. Zuletzt stutzt man die oberen Enden und verbindet sie, damit das Ganze hält. Für einen langen Bogentunnel setzt man zwei parallele Reihen von Weidenruten und biegt deren Enden oben in der Mitte zusammen. Horizontal liegende, eingeflochtene Ruten an jeder Seite erhöhen die Stabilität.

Es werden unterschiedliche Weidenarten verwendet, deren Rindenfärbung von olivgrün und gold über leuchtend rot bis zu purpurn reicht. Die Korbweide *(Salix viminalis)* ist ideal für größere Konstruktionen wie Lauben und Tunnel. Schön gefärbte Triebe findet man bei Sorten der Silberweide, etwa bei der Men-

Links Mit lebenden Weidenruten, die man in den Boden steckt, kann man grüne Flechtwände anlegen, hier mit einem einfachen, rautenförmigen Muster. Der Austrieb wird kräftig zurückgeschnitten.

Rechts Kleinblättrige Efeusorten eignen sich hervorragend zum Bedecken von Gittern. Die Pflanzen bewirken ein weicheres Bild, müssen aber geschnitten werden, damit das zugrunde liegende Muster sichtbar bleibt.

nigeweide (*S. a.* subsp. *vitellina* 'Britzensis'), sowie bei der Reifweide *(S. daphnoides)*. Für Zäune und grüne Wände eignet sich die Grauweide *(S. cinerea)*. Diese Weiden werden auf den Stock gesetzt oder geköpft, damit sie viele lange Ruten bilden.

Dank der steigenden Zahl von Kursen über das Weidenflechten in Handwerks- und Naturschutzzentren ist es recht einfach, an Bündel frischer Weidenruten zu kommen oder diese von Spezialbetrieben zu beziehen. Obwohl Weiden auf feuchten, schweren Böden wachsen, sind sie nicht unbedingt darauf angewiesen. Im eigenen Garten sollte man darauf achten, wo man Weiden pflanzt, denn fast alle Arten entwickeln ein weit reichendes Wurzelwerk, das in der Kanalisation und am Fundament von Gebäuden Probleme bereiten kann.

Rechts Eine geflochtene Weidenlaube bildet jedes Frühjahr viele grüne Neutriebe, was ihr einen ausgesprochen rustikalen Charakter verleiht, der gut zu Cottage- und Countrygärten passt.

FORMSCHNITT-PFLANZEN

Die meisten Pflanzen in diesem Kapitel weisen gemeinsame Merkmale auf. Die perfekte Pflanze für den Formschnitt bildet durch den Schnitt dichtere Verzweigungen und kleinere Blätter, sodass sie schön gleichmäßig aussieht und keine unschönen Lücken zeigt. Wird sie kräftig zurückgeschnitten, so sollte sie problemlos aus dem alten Holz wieder austreiben können.

Der Erfolg steht und fällt mit der Wahl der richtigen Pflanze. Dieser Leitfaden führt die jeweiligen Vorzüge der weit verbreiteten Vertreter auf und lässt auch ungewöhnlichere Pflanzen nicht aus.

Die überwiegende Zahl der Arten ist immergrün, da Formgehölze und grüne Architektur das ganze Jahr über wirken sollten. Gleichwohl werden einige stark wachsende sommergrüne Arten aufgeführt, da sich mit ihnen ziemlich schnell ansehnliche Elemente wie etwa hohe Hecken oder Wände schaffen lassen. Auch in exponierter Lage oder dort, wo der Winter streng ist, sollte man widerstandsfähige sommergrüne Arten bevorzugen.

Links Es empfiehlt sich, nur solche Pflanzen zu verwenden, die für die jeweilige Form – wie hier die Wolkenformen – am besten geeignet sind und die in den Rahmen des Gartens passen.

Die richtige Pflege

GERÄTE UND AUSSTATTUNG
Die Ausstattung für den Formschnitt hängt größtenteils von der Art und dem Umfang ab, in dem man ihn betreibt. Während etwa begrünte Figuren auf Tischen nur eines gelegentlichen Rückschnitts mit einer scharfen Schere bedürfen, braucht man für Gärten mit hohen formalen Hecken vielleicht eine schwere Motorheckenschere und eine fahrbare Arbeitsbühne.

Bei teureren Geräten sind die Schneiden meist aus härterem Stahl, der nicht so schnell stumpf wird. Richtig gepflegt hält Werkzeug länger. Dazu gehört das Schärfen ebenso wie das Säubern und Einfetten nach dem Gebrauch, damit sich kein Rost bildet.

Gartenscheren verwendet man, um dünne Zweige und unverholzte Triebe zurechtzustutzen sowie großblättrige immergrüne Gehölze zu formen und zu pflegen. So genannte Bypass-Scheren schneiden sauberer als Amboss-Scheren, die die Zweige eher quetschen können. Es gibt auch Modelle speziell für Linkshänder und solche mit Kraft sparender Ratsche, mit denen man härtere Zweige nach und nach durchschneiden kann.

Oben Die kletternde Kapuzinerkresse *Tropaeolum speciosum* wird traditionell mit Eiben kombiniert. Sie schadet der Eibe nicht.

Astscheren haben einen längeren Hebel als Gartenscheren und entwickeln daher mehr Kraft, sodass man damit dickere Zweige schneiden kann. Astscheren mit Teleskopgriffen vergrößern die Reichweite. Man sollte Astscheren aber nicht überstrapazieren und für Äste, die zum Schneiden zu dick sind, lieber eine Gartensäge verwenden.

Grasscheren gibt es in unterschiedlichen Größen. Die kleinsten, oft als Modelle für Frauen angeboten, mit kurzem Blatt und vorne schmal, sind für exakten Schnitt und Formgebung unverzichtbar. Handheckenscheren mit Wellenschliff blockieren nicht und sind ideal zur Pflege großer, einfacher Formen. Kleinere Scheren eignen sich nicht zum Schneiden dickerer Zweige, da man dabei leicht die Schneide beschädigt. Jede Schere muss regelmäßig nachgeschärft werden. Nach Gebrauch müssen die Schneiden gesäubert werden. Zum leichten Zurechtstutzen eignen sich Einhand-Grasscheren. Zur Schafschur verwendete werden auch oft zum Formschnitt angeboten, doch ermüdet wie bei allen Einhandscheren die Hand bei längerem Gebrauch.

Heckenscheren mit Elektro- oder Benzinmotor gibt es mit unterschiedlicher Stärke und Schwertlänge. Die stärkeren mit Benzinmotor eignen sich für Gärten, in denen viele Hecken oder große Formgehölze zu pflegen sind, und sie sind dort praktisch, wo keine Stromversorgung zur Verfügung steht. Elektrische Heckenscheren sind leichter zu handhaben. Man sollte Pausen einlegen, die den Motor vor dem Überhitzen bewahren, und nicht zu dicke Zweige schneiden, die das Messer nicht mehr leicht durchtrennt. Das Messer muss sauber gehalten und bei Bedarf geschmiert werden.

Oben Verletzte und kranke Triebe schneidet man aus, damit sie aus dem gesunden Holz wieder austreiben können.

DIE LAUFENDE PFLEGE
Da man viel Zeit in die Planung und Gestaltung seiner Formgehölze investiert hat, ist die richtige und gute Pflege wichtig. Zu den anfallenden Aufgaben zählen Düngen, Schneiden und der Winterschutz.

Schneiden Das Pflanzenverzeichnis auf den nächsten Seiten gibt Auskunft über den richtigen Zeitraum für den Schnitt. Bei Immergrünen wird dieser meist im Frühling oder Frühsommer erfolgen, wenn kein Frost mehr droht, und dann wieder im Spätsommer, sodass der Neutrieb vor dem Winter ausreifen kann. Schneidet man zu früh oder zu spät, so fördert man die Bildung zahlloser weicher, empfindlicher Triebe, die leicht Frost und kaltem Wind zum Opfer fallen.

Sommergrüne Gehölze werden meist in ihrer Ruhephase geschnitten, im Frühling oder Frühsommer am vorjährigen Holz blühende hingegen gleich nach der Blüte, damit das junge Holz Zeit hat auszureifen.

Runde Formen werden geschnitten, indem man die Schere umdreht, sodass die Schneide der Krümmung besser folgt. Wenn man nicht sicher ist, wie weit man zurückschneiden soll, schneidet man erst vorsichtig den Neutrieb, tritt dann ein wenig zurück und prüft das Ergebnis. Man kann ruhig zur Gartenschere greifen, wenn man den Eindruck hat, dass man nicht so recht vorankommt, vor allem dann, wenn man komplizierte Formen wie Spiralen oder Vögel bearbeitet. Wenn man Hecken, Parterres und Knotengärten schneidet, legt man ein Tuch auf dem Boden aus, um das Schnittgut zu sammeln und zum Schluss zu beseitigen. So beugt man Krankheiten vor.

Düngen Große Formgehölze im Rasen müssen nicht unbedingt gedüngt werden, wenn der Rasen regelmäßig Dünger bekommt. Ein Langzeitdünger für Sträucher und Rosen, der im Frühling am Fuß des Formgehölzes eingeharkt wird, reicht für gewöhnlich für Pflanzen in Rabatten. Die flachen Wurzeln von Buchsbaum können Schaden nehmen und die Blätter verbrennen, wenn man konzentrierten Dünger aufbringt.

Formgehölze in Töpfen Der Topf sollte groß genug für das Wurzelwerk sein, aber zugleich in einem ausgewogenen Verhältnis zum oberirdischen Teil der Pflanze stehen. Für Dauerpflanzungen in Töpfen verwendet man Erdmischungen für Containerpflanzen mit Zusatz von etwas Torf oder Kokosfaser zur Auflockerung. Die Abzugslöcher werden mit Tonscherben und/oder grobem Kies bedeckt, sodass überschüssiges Wasser abfließen kann. Zwischen dem Gefäßrand und der Erde bleibt ein genügend hoher Gießrand frei. Es wird regelmäßig gegossen und im Frühling bis Spätfrühling sowie im Spätsommer Flüssigdünger gegeben. Töpfe, die vor einer Wand stehen, dreht man routinemäßig, damit sie gleichmäßig Licht bekommen. Im Frühjahr füllt man Erde auf und bedeckt damit freiliegende Wurzeln.

Instandsetzen und Ausbessern Als Folge von Lichtmangel, Schädlingsbefall oder Krankheiten können Pflanzen unschön aussehen oder stellenweise absterben. Ist der Rest der Pflanze gesund, schneidet man alle abgestorbenen Zweige heraus und lichtet die Pflanze aus, damit mehr Licht ins Innere kommt. Düngen und Gießen regen zusätzliche Augen zum Austrieb an, sodass die Lücken geschlossen werden. Geraten Pflanzen aus der Form oder bilden nur noch wenige Neutriebe, werden sie durch einen Rückschnitt bis ins alte Holz verjüngt.

Winterschutz Am besten rückt man Formgehölze in Töpfen in die Nähe vom Haus, zum Beispiel vor eine wärmende Wand, oder überwintert frostempfindliche Pflanzen unter Glas. Töpfe, die draußen bleiben, umwickelt man zum Schutz der Wurzeln mit Noppenfolie und schützt das Laub durch Gartenvlies vor austrocknendem Wind. Bei Hochstämmen schützt man den Stamm durch einen Schaumstoffmantel vor Frost. Wichtig ist eine gute Drainage, dazu stellt man den Topf auf Füße oder auf eine Unterlage mit Rollen.

Oben Bei ungünstigen, schattigen Standorten greift man auf schattentolerante Arten wie Buchsbaum oder Eibe zurück.

Oben Diese beeindruckenden Eibenpyramiden werden nach einem Schnitt mit der Heckenschere wieder tadellos aussehen. Sie verleihen dieser ungewöhnlichen Bank einen beeindruckenden, statuenhaften Rahmen.

Das ABC der Formgehölze

Buxus
BUCHSBAUM

Immergrüner Strauch, von unschätzbarem Wert als Formgehölz, mit kleinen Blättern und dichter Verzweigung. Von *Buxus sempervirens* gibt es viele Sorten, doch verwendet man als Formgehölz meist die Art selbst.

Ansprüche Buchs liebt schwach basischen, humusreichen Boden und gedeiht gut im Schatten, verträgt aber keine heißen, trockenen Lagen. Pflanzen in Töpfen bekommen am besten verdünnten Flüssigdünger, frei ausgepflanzte schätzen eine alljährliche Mulchgabe aus gut abgelagertem Pferdedung oder Kompost, die den Boden feucht hält und mit Nährstoffen versorgt. Konzentrierten Dünger sollte man nicht ausstreuen, da er die oberflächennahen Wurzeln verbrennt. Geschnitten wird vom Spätfrühling bis Frühsommer und noch mal Ende Spätsommer.

Glasierte Töpfe eignen sich besser als solche aus Terrakotta, da die Wurzeln darin kühl und feucht bleiben. Pflanzt man eine Hecke oder setzt mehrere Pflanzen für eine Figur zusammen, sollte man dieselbe Sorte verwenden, sonst stören Unterschiede den Gesamteindruck.

Arten und Sorten Der Zwergbuchsbaum (*B. sempervirens* 'Suffruticosa'; Zone 6b) war bis vor kurzem die am häufigsten verwendete Sorte für Parterres und Knotengärten sowie Wegeinfassungen. Er ist aber sehr anfällig für den Pilz *Cylindrocladium*, gegen den es bisher kein Mittel gibt. Einige Gärtner bevorzugen nun *B. microphylla* 'Faulkner', doch auch er ist anfällig. Robuster sind der schwachwüchsige *B. sempervirens* 'Vardar Valley', *B. sinica* var. *insularis* (Zone 6a) und *B. microphylla* 'Compacta' (Zone 6a). *B. sempervirens* 'Elegantissima' hat rahmfarben marmoriertes Laub. *B. microphylla* 'Green Pillow' entwickelt auch mit wenig Schnitt eine gefällige Form.

Verwendung Nicht allzu hohe Hecken; Figuren und geometrische Formen, auch solche mit feinen Details; Hochstämme; Knoten und Parterres.

Probleme Verschiedene pilzliche Blattfleckenerkrankungen wie *Volutella* und *Cylindrocladium*. Befallene Pflanzen beseitigt man sofort und desinfiziert die Schnittwerkzeuge. Gesunde Pflanzen sind weniger anfällig, deshalb sollte man beste Kulturvoraussetzungen schaffen, abgeschnittene Triebe beseitigen und nicht zu viel schneiden. Dünnt man von Zeit zu Zeit aus, gelangen mehr Licht und Luft ins Innere der Pflanze.

Buchsblattflöhe deformieren die Triebspitzen. Meist ist der Befall nicht bedenklich und durch Schnitt, einen scharfen Wasserstrahl oder Spritzen mit insektizider Seifenlauge im Frühling im Zaum zu halten. Rötlich braune Blätter sind meist ein Hinweis auf Stress durch Kälte, Nährstoffmangel oder zu große Hitze.

Carpinus betulus
HAINBUCHE

Die sommergrüne Hainbuche hat breite, grüne Blätter und wird manchmal mit der Rotbuche verwechselt. Da das kupferbraune Herbstlaub den Winter über hängen bleibt, eignet sie sich ausgezeichnet für streng geschnittene Hecken. Außerdem können die Zweige verflochten oder an Laubengängen gezogen werden.

Ansprüche Anspruchslos, winterhart, gedeiht in den meisten Böden und in der Sonne wie im Schatten. Im Früh- und Spätsommer schneiden.

Arten und Sorten Neben der Art selbst die aufrecht wachsende *C. b.* 'Fastigiata' (Zone 5b).

Verwendung Streng geschnittene Hecken und andere große Elemente wie Hochstammhecken, Baumwände, Tunnel und Laubengänge.

Probleme Wenige

Chamaecyparis
SCHEINZYPRESSE

Die als Heckenpflanze bekannte Lawsons Scheinzypresse (*Ch. lawsoniana*) ist sehr wüchsig und wird oft als Windschutz verwendet.

Ansprüche Liebt humusreichen, gleichmäßig feuchten, basischen Boden. Sollte zumindest zweimal im Jahr während der Wachstumsphase geschnitten werden (im Spätfrühling und Sommer). Nicht zu weit ins alte Holz schneiden, da sie sonst nicht mehr austreibt.

Arten und Sorten Viele buntlaubige sowie nicht so stark wachsende mit schlankem, aufrechtem Wuchs.

Verwendung Geometrische Figuren, große Elemente und Hecken.

Probleme Wenige

Cotoneaster
FELSENMISPEL

Am besten sind die kriechenden oder kuppelförmig wachsenden Typen der kleinblättrigen immergrünen, halb immergrünen oder Laub abwerfenden Arten. *C. horizontalis* vereint fischgrätenartig angeordnete Zweige, eine schöne Herbstfärbung und für gewöhnlich reichen Beerenschmuck.

Ansprüche Hart und pflegeleicht, verträgt Lehmböden, bevorzugt aber durchlässige Böden. Steht am besten in voller Sonne, wächst aber auch noch im Halbschatten. Laub abwerfende und halb immergrüne Sorten schneidet man im Winter, *C. microphyllus* am besten nach der Blüte und nochmals im Spätsommer oder nur alle zwei Jahre.

Arten und Sorten *C. horizontalis* (Zone 6a) eignet sich für Nord- und Ostwände. *C. microphyllus* ist straff, dicht und kuppelförmig (Zone 7a).

Verwendung *C. horizontalis* eignet sich als weniger strenges Wandspalier, *C. microphyllus* für Kuppeln und frei gestaltete Formen. Manche Cotoneaster eignen sich als kleine Trauerhochstämme.

Probleme Wenige

Buxus sempervirens

Buxus sempervirens 'Elegantissima'

Buxus sempervirens 'Marginata'

Chamaecyparis

Crataegus
WEISSDORN

Der Eingrifflige *(C. monogyna)* und der Zweigrifflige Weißdorn *(C. laevigata)* wachsen zu dornigen, sommergrünen Sträuchern oder kleinen Bäumen heran, die rahmweiß blühen und im Herbst rote Früchte tragen. Heute dienen sie meist als Heckenpflanze an der Grenze ländlicher Cottagegärten, doch wurden sie früher als Formgehölz überaus geschätzt und in formalen Gärten verwendet.

Ansprüche Sehr winterhart und windunempfindlich, gedeiht in den meisten Böden, auch in schwerem Lehm. In der Ruhezeit schneiden.

Arten und Sorten *C. monogyna* (Zone 5a); von *C. laevigata* (Zone 5b) gibt es mehrere Sorten mit rosa oder roten, gefüllten oder einfachen Blüten.

Verwendung Als halbformale, oben abgerundete Hecke, hervorragende Abwehr gegen Eindringlinge. Häufig als Bogen geschnitten, lässt sich zu charaktervollen, kuppelförmigen Hochstämmen heranziehen.

x *Cupressocyparis leylandii*
BASTARDZYPRESSE

Von manchem verschmäht wegen ihres Rufs, viel zu hoch zu werden und das Licht zu nehmen, für ungeduldige Liebhaber von Formgehölzen, die in kurzer Zeit architektonische Strukturen schaffen wollen, aber ein Geschenk. Wenn man sie oft genug schneidet, liefern sie ein dichtes, fein texturiertes Erscheinungsbild.

Ansprüche Gedeiht gut auf den meisten neutralen bis schwach sauren Böden, wenn diese nicht staunass oder zu trocken sind. Während des Wachstums häufig schneiden, aber nicht bis ins alte Holz, da sie sonst kaum wieder austreibt.

Arten und Sorten Goldgelbe Sorten wie 'Castlewellan', 'Gold Rider' und 'Robinson´s Gold' wachsen weniger stark als x *C. leylandii*. (Zone 7a).

Verwendung Als formale Hecke, als Windschutz und für architektonische Strukturen, auch für grüne Säulengänge, Bögen und *Exedren*. Mit entsprechender Pflege lassen sich Hecken auf eine Tiefe von 30 cm begrenzen. Goldgelbe Sorten werden manchmal für große, korkenzieherförmige Spiralen verwendet.

Probleme Unter schlechten Wachstumsbedingungen anfällig gegenüber Pilzerkrankungen wie Krebs und vom Boden ausgehende *Phytophthora*. Beim Kauf sollte man keine Pflanzen von über 50 cm Höhe wählen.

Cupressus
ZYPRESSE

Große Koniferen mit kegelförmigem Wuchs und statuenartigem, elegantem Aussehen.

Ansprüche Die Arizonazypresse (*C. arizonica*, Zone 7b) bevorzugt leichte, durchlässige Böden. Die schnellwüchsige Montereyzypresse (*C. macrocarpa*, Zone 8b) verträgt salzhaltige Seeluft und bildet in milden Küstengärten Westeuropas schöne Exemplare. Die Mittelmeerzypresse (*C. sempervirens*, Zone 8b) braucht milde Lagen, ist aber winterhärter als gewöhnlich angenommen. In den ersten Jahren anbinden, damit sie besser anwachsen.

Arten und Sorten Vom starkwüchsigen *C. macrocarpa* gibt es einige goldgelbe Sorten, die volle Sonne brauchen, um ihre schönste Färbung auszubilden, so etwa 'Goldcrest'. Die säulenförmigen Sorten von *C. sempervirens*, etwa 'Green Pencil' und die Vertreter der Stricta-Gruppe, wachsen schmal und aufrecht.

Verwendung Die Arizonazypresse wird oft zu dreikugeligen Hochstämmen und Korkenziehern geschnitten, Säulenzypressen als markante Akzente oder formale Alleen, und Montereyzypressen für feinkörnige, grüne architektonische Figuren.

Probleme Kann umfallen, wenn das Wurzelwerk nicht gut entwickelt ist.

Euonymus
SPINDELSTRAUCH

Immergrüne Spindelsträucher sind vielseitig verwendbare und farbenfrohe Formgehölze. Sie sind unempfindlich gegenüber Salz und Luftverschmutzung, die Sorten von *E. fortunei* sind sehr winterhart und nehmen nach Frosteinwirkung oft eine Rosafärbung an. Die weiß panaschierten Sorten gedeihen auch im Schatten und fallen nicht in die reingrüne Ausgangsform zurück.

Ansprüche Gedeihen in fast jedem gut dränierten Boden. *E. japonicus* nur in sehr milden Lagen pflanzen.

Arten und Sorten *E. fortunei* (Zone 6b) und panaschierte Sorten wie 'Silver Queen', 'Emerald 'n' Gold' und 'Emerald Gaiety'. Von *E. japonicus* (Zone 8b) gibt es Sorten mit Zwergwuchs, etwa 'Microphyllus', wie auch buschige mit größeren Blättern wie 'Aureus' und 'Aureus Ovatus'.

Verwendung Kleinblättrige Sorten von *E. fortunei* und *E. j.* 'Microphyllus' eignen sich für niedrige Hecken. *E. f.* 'Silver Queen' und Sorten von *E. japonicus* mit größeren Blättern geben wundervolle geschnittene Kuppeln, 'Silver Queen' eignet sich auch gut als Fassadenbegrünung. In milderen Gebieten wird *E. japonicus* als glänzend grüne, mittelhohe Hecke verwendet. Kleinblättrige Sorten von *E. fortunei* werden auch zu kleinen Formstämmchen in Töpfen gezogen.

Probleme Schildläuse, Fraßschäden an Blättern durch Dickmaulrüssler, Spätfrostschäden an Jungtrieben von *E. japonicus*. Bei panaschierten Sorten auf Rückschläge in die reingrüne Ausgangsform achten.

Fagus sylvatica
ROTBUCHE

Eine robuste und ziemlich raschwüchsige Heckenpflanze mit breiten, frischgrünen Blättern, die sich im Herbst kupfern färben und den Winter über hängen bleiben.

Ansprüche Volle Sonne bis Halbschatten, gedeiht in allen durchlässigen Böden, auch in basischen. Geschnitten wird im Früh- und Spätsommer, dabei sorgt der zweite Schnitt für eine schöne Herbstfärbung.

Arten und Sorten Zahlreiche Sorten, auch mit purpurfarbenem Laub sowie Säulen- und Trauerformen.

Verwendung Geeignet für formale Hecken als Begrenzung und für grüne Wände, außerdem für Besonderheiten wie Bögen, Tunnel und *Exedren* sowie für breite Pyramiden.

Probleme Wenige, leidet manchmal unter Blattläusen.

× *Cupressocyparis leylandii* 'Golconda'

Euonymus fortunei 'Emerald 'n' Gold'

Euonymus variegata 'Silver Queen'

Fagus sylvatica

Hebe
STRAUCHEHRENPREIS
Immergrüne aus Neuseeland. Die vielen kleinblättrigen Arten wachsen in der Heimat zu dichten, niedrigen rundlichen Sträuchern heran. Ein leichter Schnitt fördert die Form.

Ansprüche Die kleinblättrigen Arten sind salz- und windresistent und ideal für küstennahe Gärten, gedeihen mit gutem Winterschutz aber auch in Städten. Sie wachsen in durchlässigen Böden in voller Sonne. Zwischen Spätfrühjahr und Hochsommer leicht zurückschneiden, dabei nur wenige Zentimeter des noch weichen Neutriebs entfernen.

Arten und Sorten *H. rakaiensis* (Zone 7a) hat olivgrünes Laub, *H.* 'Red Edge' hellgrünes mit rosa Rand; *H. topiaria* (Zone 8a) ist hellgrün und bildet bei leichtem Schnitt Kissen.

Verwendung Kuppelförmige zur Texturierung von Oberflächen.

Probleme In strengen Wintern können Frostschäden auftreten. Ohne alljährlichen Schnitt kann die Belaubung lückenhaft werden.

Hedera helix
GEWÖHNLICHER EFEU
Dank Hunderten von Sorten ist das Spektrum an Blattformen und -färbungen einfach umwerfend. Die Triebe von *H. helix* sind äußerst biegsam und deshalb ideal, um sie über dreidimensionale Rahmen wachsen zu lassen; wo sie auf feuchtem Moos zu liegen kommen, bilden sie Wurzeln und sind deshalb für mit Moos gefüllte Schablonen beliebt. Reingrüne Sorten eignen sich für geometrische Formen am besten.

Ansprüche Reingrüne Sorten gedeihen in tiefem Schatten, je stärker die Panaschierung, desto mehr Licht ist erforderlich. Einmal angewachsen widersteht Efeu Trockenheit, er bevorzugt durchlässigen Boden oder Topferde.

Arten und Sorten Man verwendet kleinblättrige Sorten von *H. helix* (Zone 6a, sofern nicht anders angegeben) mit kurzen Internodien (Abständen zwischen den Blättern), etwa 'Duckfoot' und 'Très Coupé', die kleine bis mittelgroße Figuren gleichmäßig bedecken. Rascher wachsende Sorten wie 'Green Ripple' (Zone 8a) eignen sich für Girlanden und Umkränzungen. 'Glacier' (Zone 8a) hat silberhelle Sprenkel und hellt schattige Mauern auf. Kompakte, hell panaschierte Sorten wie 'Eva' (Zone 8a), 'Kolibri' und 'Little Diamond' schaffen auf moosgefüllten Tierfiguren kontrastierende Flächen. *H. hibernica* 'Deltoidea' (Zone 6a) wächst flach.

Verwendung Für dreidimensionale Formgerüste (eine schnelle Alternative zu geometrischen Formen) und mit Moos gefüllte Schablonen, entweder im Topf oder direkt ins Moos gepflanzt; als Wandschmuck, entweder selbstklimmend oder an Drähten gezogen; für Girlanden und Umkränzungen.

Probleme Bei Trockenheit und Hitze anfällig gegenüber Spinnmilben. Abhilfe schaffen Sprühen mit Wasser und eine kühle, schattige Lage. Auf Dickmaulrüssler in der Blumenerde achten. Alte Formgerüste, die holzig und nur noch dünn belaubt sind, neu bepflanzen.

Hyssopus
YSOP
Aromatisches Küchenkraut, immergrün oder halb immergrün (Zone 7a), wird traditionell in Knotengärten verwendet, eignet sich für niedrige Hecken, die oberseits flach oder abgerundet sein können. Das Laub ist dunkelgrün, glänzend und nadelförmig, im Hochsommer erscheinen blaue Blütenähren.

Ansprüche Verträgt magere, kalkhaltige Böden, braucht aber guten Wasserabzug und volle Sonne. Geschnitten wird im Hochsommer oder im Frühjahr. Nur weiche Neutriebe und nicht ins alte Holz schneiden.

Arten und Sorten In Spezialgärtnereien gibt es Sorten mit abweichender Blütenfarbe.

Verwendung Niedrige Hecken, Knoten und kleine Kugeln.

Probleme Verkahlt im Alter oft von unten.

Ilex
STECHPALME
Häufig als Formgehölze und für grüne Architektur verwendet, immergrün, bietet reingrünes oder leuchtend panaschiertes Laub. Weibliche Pflanzen setzen Beeren an, wenn männliche Pflanzen in der Nähe stehen. Die Japanische Stechpalme (*I. crenata*) und *I. vomitoria* haben sehr kleine Blätter und erinnern an Buchs.

Ansprüche Wächst in jedem nicht zu schlechten Boden. Reingrüne Sorten der Gewöhnlichen Stechpalme (*I. aquifolium*) und von *I. x altaclerensis* vertragen tiefen Schatten. *I. crenata* 'Golden Gem' braucht volle Sonne, damit sich das Laub gelb färbt. Großblättrige Stechpalmen am besten mit der Garten- oder Astschere schneiden und nicht mit der Heckenschere, da man sonst die Blätter beschädigt. Im Frühjahr und wenn nötig im Spätsommer schneiden.

Arten und Sorten *I. aquifolium* und Sorten (Zone 6b) wie etwa 'Handsworth New Silver' (rahmfarben und rosa panaschiert), 'J.C. van Tol' (für grüne Hecken), 'Pyramidalis' (kompakt, aufrecht, kegelförmig); *I. x altaclerensis* (Zone 7b) und Sorten, die *I. aquifolium* ähneln, z. B. 'Golden King' (weiblich, leuchtend golden panaschiert, rote Beeren). Kompakte, langsam wüchsige Stechpalmen sind *I. crenata* (Zone 7a) und *I. c.* 'Golden Gem' sowie *I. vomitoria* (Zone 8b) und für ganz niedrige Hecken *I. v.* 'Nana'.

Verwendung Sorten von *I. aquifolium* und *I. x altaclerensis* werden für Hecken und große architektonische Elemente verwendet, aber auch für geometrische Formen wie Kegel, Obelisken, Etagenformen oder Hochstämme. Japanische Stechpalmen bilden schmale Kegel, können aber als Wolkenform oder frei gestaltete Formen gezogen werden. In Nordamerika dient die dort heimische *I. vomitoria* in Gebieten mit heißem Sommer als Ersatz für Buchsbaum und wird dort als Formgehölz oder Hecke verwendet.

Probleme Wenige

Juniperus
WACHOLDER
Vielleicht ist diese gegen Wind und Trockenheit unempfindliche, harte Konifere als Formgehölz nicht erste

Hedera helix 'Green Ripple'

Hyssopus officinalis

Ilex-aquifolium-Sorte

Ilex-aquifolium-Sorte

Wahl, doch wurde der Gemeine Wacholder *(J. communis)* einst häufig für den Formschnitt verwendet. Es bieten sich mehrere Arten und Sorten mit einem Spektrum von Nadelfärbungen an, das von Blau und Grau über Hellgrün zu Goldgelb reicht. Einige von Haus aus schlank aufrecht wachsende Sorten und Arten brauchen wenig Pflege, um in Form zu bleiben. Wacholder verträgt einen Schnitt und kann auch aus dem alten Holz wieder austreiben.
Ansprüche Gedeiht auf durchlässigen Böden, verträgt Kalk, benötigt aber volle Sonne. Im Spätfrühling oder im Sommer schneiden.
Arten und Sorten *J. communis* (Zone 3) und Sorten, z. B. die Säulenform 'Hibernica'; *J. chinensis* (Zone 5a), *J. × pfitzeriana* 'Mint Julep' (Zone 5a).
Verwendung Hochstämme; Hecken; Säulen; Wolkenformen.
Probleme Wenige

Laburnum
GOLDREGEN
Blüht leuchtend gelb vom späten Frühling bis Frühsommer. Biegsame junge Triebe, die sich problemlos über ein Gerüst ziehen lassen. *L. alpinum* bildet viele giftige Samen, die Kindern gefährlich werden können, man pflanzt daher besser *L. × watereri* 'Vossii', der viele Blütentrauben, aber nur wenig Samen ansetzt. Beide mit hellgrünem, dreiteiligem Laub.
Ansprüche Gedeiht problemlos in voller Sonne. Triebe am Gerüst festbinden, wenn nötig überschüssige Triebe herausschneiden.
Arten und Sorten *L. alpinum* 'Pendulum' (Zone 5b) oder besser *L. × watereri* 'Vossii' (Zone 6a), der etwas später blüht und viel größere Blütentrauben besitzt, die von den Streben kaskadenförmig herabhängen.
Verwendung Für Tunnel
Probleme Keine

Laurus
LORBEER
Der immergrüne Lorbeer ist untrennbar mit den Renaissancegärten Italiens verbunden, in denen er für Hecken und architektonische Formen verwendet wird. Dieser frostempfindliche große Strauch oder kleine Baum mit würzig duftenden Blättern wird für gewöhnlich als Kübelpflanze an zentraler Stelle im Kräutergarten platziert. Paare von Hochstämmen zieren Eingänge.
Ansprüche Gut durchlässiger, fruchtbarer Boden und volle Sonne. In wintermilden Gärten in Meeresnähe kann er beachtliche Ausmaße annehmen. Im Sommer mit der Schere schneiden, damit man nicht die Blätter verletzt. In unserem Klima Hochstämme und Spiralen vor Frost geschützt im Haus, z. B. im Wintergarten, überwintern.
Arten und Sorten Es gibt zwar eine Reihe von Sorten, für den Formschnitt verwendet man aber meistens die Art selbst. (Zone 8b).
Verwendung Kugeln auf Stämmen, Spiralen, Kegel, Obelisken und Hecken.
Probleme Anfällig für Schildläuse, erstes Anzeichen für einen Befall ist häufig ein schwarzer Belag auf den Blättern (Rußtau). Bei strenger Kälte Frostschäden an Blättern und Zweigen.

Lavandula
LAVENDEL
Ein wohlriechender aromatischer Strauch, der einst in Knotengärten und zum Einfassen von Wegen in Cottagegärten sehr beliebt war. Duftet wundervoll und zieht Bienen magisch an. Auch außerhalb der Blütezeit sind die Pflanzen dank ihrer schmalen graugrünen oder silbrigen, immergrünen Blätter eine Zierde.
Ansprüche Bevorzugt gut durchlässigen, basischen Boden. Nicht in Böden pflanzen, die im Winter vernässen, da die Pflanzen dann schnell faulen und viel frostempfindlicher sind. Man schneidet im späten Frühjahr, damit die Sträucher dicht und buschig bleiben, und gleich nach der Blüte bis Ende Juli. Abgeblühtes und Triebspitzen entfernen, aber nicht bis ins alte Holz zurückschneiden.
Arten und Sorten Sorten von *L. angustifolia* bleiben kompakt und sind in verschiedenen Pastellfarben erhältlich, zum Beispiel 'Loddon Pink'. Für Knoten und niedrige Einfassungen nimmt man Zwergsorten wie 'Munstead' oder die dunkelpurpurn blühende 'Hidcote'. (Zone 7a).
Verwendung Niedrige Hecken; Knoten und Kugeln; nicht geformte Zwergstämme in Töpfen.
Probleme Kann in strengen Wintern erfrieren. Fällt ohne jährlichen Rückschnitt auseinander. Kann durch zu starken Rückschnitt absterben.

Ligustrum
LIGUSTER
Der Gemeine Liguster *(L. vulgare)* war lange als alltägliches Formgehölz beliebt. Liguster ist wintergrün, durch häufiges Schneiden werden die Blätter kleiner und die Verzweigung dichter, sodass sich Formen sehr detailgenau darstellen lassen. In letzter Zeit kam auf den Britischen Inseln Delavays Liguster *(L. delavayanum)* in Mode, der sich wegen seiner kleinen Blätter und biegsamen Zweige gut für Formen mit Schablonen eignet.
Ansprüche Nährstoffreicher, einigermaßen durchlässiger, humusreicher Boden und am besten volle Sonne, verträgt aber auch Schatten. Als Starkzehrer profitiert Liguster vom Mulchen mit gut abgelagertem Mist. Ausgewachsene Hecken schneidet man im Spätfrühling und Frühherbst oder nur einmal im Hochsommer, Formgehölze in Tier- oder anderen Figuren mehrmals den Sommer über, damit sie ihre Form wahren.
Arten und Sorten *L. vulgare* (wintergrün), als Hecke und als Formgehölz (Zone 5a); *L. ovalifolium* (Zone 7a) ist ähnlich, hiervon gibt es mehrere panaschierte Sorten, zum Beispiel die gelbe *L. o.* 'Aureum'; *L. delavayanum* (Blätter klein, dunkel, immergrün, eignet sich für detailgenauen Schnitt, kann über Drahtformen gezogen werden, Zone 8a).
Verwendung Hecken, Bögen und andere architektonische Formen, Vögel und andere Tiere. Die kleinblättrige *L. delavayanum* wird oft als kugelköpfiger Hochstamm gezogen.
Probleme In strengen Wintern und kälteren Gebieten wirft Liguster das Laub frühzeitig ab. Delavays Liguster *(L. delavayanum)* braucht guten Winterschutz oder muss als Kübelpflanze frostfrei überwintert werden.

Laburnum × watereri 'Vossii'

Laurus nobilis

Lavandula angustifolia 'Hidcote'

Lonicera nitida 'Baggesen's Gold'

Lonicera nitida
IMMERGRÜNE STRAUCH-HECKENKIRSCHE

Dieser Strauch ist ideal für Ungeduldige: Er sieht fast aus wie Buchs, wächst aber viel schneller, hat aber den Nachteil, dass er häufiger geschnitten werden muss und große Figuren unschön werden.

Ansprüche Gedeiht in den meisten Böden in voller Sonne oder in lichtem Schatten, vor allem die Sorte 'Baggesen's Gold', und ist ziemlich winterhart. Geschnitten wird je nach Notwendigkeit zwei- oder dreimal im Jahr, sodass die Form ordentlich bleibt.

Arten und Sorten *L. n.* 'Baggesen's Gold' mit goldgelb panaschiertem Laub.

Verwendung Für mittelhohe, oben runde Hecken, einfache geometrische Figuren wie Kugeln und Kuppeln, aber auch Vogel- und andere Tierfiguren, die über einem Drahtrahmen herangezogen werden können.

Probleme 'Baggeson's Gold' schlagen Triebe oft in die grüne Ausgangsform zurück. Man schneidet sie so bald wie möglich an der Basis ab. Bei starker Sonne können die Blätter verbrennen, und in strengen Wintern kann das Laub erfrieren.

Myrtus
MYRTE

Zwar sind sie bei uns nicht winterhart, dennoch sind diese immergrünen Sträucher mit glänzendem, aromatisch duftendem Laub als Kübelpflanzen für den Formschnitt nach wie vor sehr gesucht. Die kleinen, breiten, dunkelgrünen Blätter laufen sehr schön spitz aus, und im Sommer schmücken sich die dichten, buschigen Zweige mit kleinen, weißen, duftenden Blüten, die sich aus kugelförmigen Knospen öffnen.

Ansprüche Kübelpflanze, die im Kalthaus oder kühlen Wintergarten überwintert wird. Im Sommer schneiden.

Arten und Sorten Neben der Art *M. communis* selbst die Sorte 'Microphylla Variegata' mit rahmweiß gerandeten Blättern. (Zone 9).

Verwendung Kugeln, Kuppeln und kleine Hochstämme.

Probleme Etwas nässeempfindlich, insbesondere im Winter.

Osmanthus
DUFTBLÜTE

Mehrere Arten von *Osmanthus* eignen sich für den Schnitt und sind mit ihren süßlich duftenden Blüten ideal für Cottage- und Innenhofgärten. Außerdem sind die Triebe der buchsähnlichen *O. delavayi* und *O.* x *burkwoodii* so biegsam, dass man sie über einen Rahmen ziehen kann.

Ansprüche Gedeiht in den meisten Böden, auch auf Lehm, sowohl in voller Sonne als auch im Halbschatten. Gleich nach der Blüte schneiden und wenn nötig auch im Sommer.

Arten und Sorten *O. delavayi* und *O.* x *burkwoodii* haben schmale, dunkelgrüne Blätter und kleine, weiße Blüten. *O. heterophyllus* erinnert an Ilex, von ihm gibt es Sorten mit schön panaschierten Blättern. (Zone 7a–8a).

Verwendung Hecken, Hochstämme, Kuppeln und Formen.

Probleme Wenige. Manche Sorten muss man häufiger schneiden, damit sie nicht struppig werden.

Phillyrea
STEINLINDE

Ein klassisches Formgehölz, das heute nicht mehr leicht zu finden ist. Das dunkle, unterseits hellere, ledrige, grüne Laub bildet durch den Schnitt eine dichte, gleichmäßige Oberfläche, die gut zu architektonischen Gestaltungen passt.

Ansprüche Gedeiht in jedem normalen Boden in der Sonne wie im Schatten, wenig salzempfindlich, aber nicht sehr winterhart. Im Frühling und Spätsommer schneiden.

Arten und Sorten Als Formgehölz am besten geeignet ist *P. angustifolia* (Zone 8a).

Verwendung Geometrische Formen, grüne Architektur, formale Hecken.

Probleme Schwer erhältlich.

Pinus
KIEFER

Eines der wichtigsten Gehölze für Wolkenschnitt. Es gibt mehrere Arten und Sorten, die als Formgehölz verwendbar sind. Manche zeigen im Alter den typischen knorrigen Wuchs mit verdrehten Zweigen.

Ansprüche Die meisten Kiefern sind sehr anspruchslos und gedeihen auf den unterschiedlichsten Böden gut. Die Japanische Schwarzkiefer (*P. thunbergii*) ist trockenheitstolerant und gedeiht selbst auf Sand. Der Neutrieb von Kiefern erinnert anfangs an blassfarbene »Kerzen«. Um den Baum in die richtige Form zu bringen, wird die obere Hälfte dieser »Kerzen« im Frühjahr abgeschnitten und die Bildung von Seitentrieben angeregt. Die erwünschten lässt man stehen, die übrigen knipst man ab. Mit Bambusstäben und Draht kann man markante Formen erzielen.

Arten und Sorten *P. thunbergii* (Zone 6a) für große Bäume mit Wolkenformen, frei ausgepflanzt oder in Kübeln, um das Wachstum in Grenzen zu halten; *P. sylvestris* 'Watereri' (für mehrstämmige Wolkenformen, in großen Kübeln, Zone 1); *P. mugo* (Zwergsorten, Zone 4) für Halbkugeln und kleine Wolkenformen in Kübeln.

Verwendung Wolkenformen, niedrige Kissen.

Probleme Noch weiche Jungtriebe sind manchmal durch Raupenfraß gefährdet.

Pittosporum
KLEBSAME

Das aus Neuseeland stammende *P. tenuifolium* hat hellgrüne, am Rand gewellte Blätter an schwarzen Trieben. Die Blüten sind zwar klein und unscheinbar, duften aber bei den meisten Arten. Es gibt auch Sorten mit panaschiertem oder andersfarbigem Laub. Sie sind aber empfindlicher als die Arten selbst.

Ansprüche Verträgt Salz, ist daher ideal für Gärten in wintermilder Lage am Meer oder in der Stadt. Gedeiht in allen durchlässigen Böden, auch kalkhaltigen. Die Arten selbst lieben es schattig. Panaschierte und dunkelpurpurfarbene Pflanzen eignen sich gut für große Kübel in Innenhöfen. Geschnitten wird im Spätfrühling oder im Hochsommer.

Arten und Sorten 'Abbotsbury Gold' (golden marmoriert) und 'Silver Queen' (silbrig weiß panaschiert) sind zwei der besten Sorten. Letz-

Myrtus communis

Osmanthus delavayi

Pinus mugo

Pittosporum-tenuifolium-Sorte

tere bildet von Natur aus eine kompakte Pyramide. (Zone 9).
Verwendung *P. tenuifolium* in milder küstennaher Lage als Hecke, sonst schlichte Kuppel- oder Kegelformen.
Probleme Kann in kalten Wintern erfrieren.

Prunus
KIRSCHE
Die Lorbeerkirsche (*P. laurocerasus*) mit ihren glänzenden, großen Blättern wird vor allem als Heckenpflanze verwendet. Die Portugiesische Lorbeerkirsche (*P. lusitanica*) hat kleinere, spitz zulaufende Blätter, die sich von den rötlichen Zweigen abheben. Sie ist als Formgehölz ein wertvoller und ein guter Ersatz für den frost- und winternässeempfindlichen Lorbeer.
Ansprüche Gedeiht in jedem Boden, auch auf Lehm, wenn dieser im Winter nicht staunass ist. *P. laurocerasus* liebt keine flachgründigen Böden über Kalk; *P. lusitanica* ist recht kalktolerant. Mit der Schere schneiden, damit man keine hässlich durchgeschnittenen Blätter bekommt.
Arten und Sorten *P. laurocerasus* 'Rotundifolia' eignet sich gut für formale Hecken; 'Castewellan' ist weniger starkwüchsig und hat schmalere Blätter. *P. lusitanica* 'Myrtifolia' und der panaschierte *P. l.* 'Variegata' wachsen nicht so stark. (Zone 7a–8a).
Verwendung Ideal als rasch wachsende Hecke und Sichtschutz. Aus älteren Einzelpflanzen von *P. laurocerasus* kann man große Kuppeln gestalten. Für große Kugelhochstämme verwendet man *P. lusitanica* oder *P. lusitanica* 'Myrtifolia'.
Probleme Weitgehend problemlos.

Pyracantha
FEUERDORN
Wird wegen der kleinen, zugespitzten, glänzend grünen Blätter, der rahmweißen Blüten und des reichen Beerenschmucks gepflanzt.
Ansprüche Hart, toleriert unterschiedlichste Böden, auch Lehm, aber nicht gut auf flachgründigen Böden über Kalk. Gedeiht auch an Nord- und Ostwänden. An Drähten gezogen entsteht ein dichtes Astwerk. Damit der Beerenschmuck besser zur Geltung kommt, schneidet man im Sommer die seitlichen Triebe heraus, sobald Früchte angesetzt sind, damit diese freigestellt werden. Außerdem werden im Frühling alte Triebe ausgeschnitten, damit Platz für den Neutrieb entsteht.
Arten und Sorten 'Golden Charmer' mit goldgelben und 'Orange Glow' mit orangeroten Früchten sind zwei der besten Sorten mit Fruchtschmuck. Sie sind weitgehend krankheitsresistent. Auch 'Teton' (rot) ist schön, aber anfällig für Feuerbrand, der von Weißdorn übertragen werden kann. (Zone 6b–7a).
Verwendung Als Spalier an Wänden; für Säulen und als geschnittene Einfassung um Türen.
Probleme Viele Sorten sind anfällig für Schorf, darunter leidet vor allem der Fruchtschmuck. Beim Kauf auf resistente Sorten wie etwa 'Orange Glow' achten.

Quercus ilex
STEINEICHE
Diese immergrüne Eiche erinnert weniger an Eichen als vielmehr an Ilex – daher auch ihr Name. Sie kann für Hecken und als Sichtschutz sowie für große geometrische Formen verwendet werden.
Ansprüche Benötigt tiefgründigen, gut durchlässigen Boden und volle Sonne. Nur jüngere Pflanzen wachsen problemlos an. Gedeiht besonders gut in milden Lagen an der Küste. Im Spätsommer schneiden.
Arten und Sorten Nur *Q. ilex* ist als Formgehölz verwendbar.
Verwendung Hecken und grüne architektonische Strukturen, insbesondere große Walzenformen.
Probleme Gesunde, robuste Exemplare sind von Natur aus recht widerstandsfähig.

Rhamnus alaternus
IMMERGRÜNER KREUZDORN
Ebenso wie *Phillyrea* war auch Immergrüner Kreuzdorn im 17. Jahrhundert als Formgehölz und Heckenpflanze beliebt. Heute sieht man die reingrüne Art kaum noch, da sie von der silberweiß panaschierten 'Argenteovariegata' übertroffen wird.
Ansprüche Obwohl frosthart, gedeiht die panaschierte Sorte am besten in milden Gebieten oder in geschützten Gärten, wo sie selbst im Schatten einen ausgezeichneten Mauerschmuck bildet. Wächst in normalen, durchlässigen Böden.
Arten und Sorten *Rh. a.* 'Argenteovariegata' mit silberweiß gerandeten Blättern. (Zone 8a).
Verwendung Große Kuppelformen, breite, oben abgerundete Kegel und als geschnittener, an Drähten gezogener Mauerstrauch.
Probleme Weitgehend problemlos.

Rosmarinus
ROSMARIN
Das Küchenkraut wurde einst ebenso wie Wacholder häufig als Formgehölz verwendet. Die drahtigen Triebe sind mit dunkelgrünen Nadelblättern besetzt, und im Frühling schmückt sich der Strauch mit zahllosen, blassgraublauen Blüten.
Ansprüche Sehr gut durchlässiger Boden im Garten oder im Kübel in voller Sonne. Braucht einen sehr geschützten Platz, etwa vor einer warmen Hauswand.
Arten und Sorten *R. officinalis* und die Sorte 'Miss Jessopp's Upright' sind am härtesten und am besten verwendbar, Letztere besonders als Einfassung. (Zone 8a).
Verwendung In milden Lagen als mittelhohe Hecke; kleine Hochstämme; einfache geometrische Formen (über Drahtrahmen gezogen).
Probleme Die brüchigen Triebe brechen leicht. Frostempfindlich.

Taxus
EIBE
Ein überragendes Formgehölz und eines der besten für exakt geschnittene grüne Architektur und klare Formen. Goldgelbe Sorten ergeben vor dunklem Grün einen schönen Kontrast und leuchten förmlich im Schatten. Die Irische Säuleneibe (*T. baccata* 'Fastigiata') muss nur wenig geschnitten werden und eignet sich gut zum Betonen von Eingängen, als Reihenpflanzung oder als markantes Einzelstück. Eibe ist für Menschen und Tiere giftig.
Ansprüche Gedeiht in den meisten Böden, wenn diese durchlässig

Quercus ilex

Rhamnus alaternus 'Argenteovariegata'

Rosmarinus officinalis

Taxus (Sorte mit goldfarbenem Laub)

sind. Einmal angewachsen, ist sie unempfindlich gegen Trockenheit. Verträgt Sonne oder Schatten. Hecken und geometrische Formen schneidet man im späten Frühjahr vor dem Austrieb. Komplexe Figuren zieht man an Draht oder Metallschablonen. Säuleneiben bilden mehrere Leittriebe. Bei buschigen Pflanzen kann man einige wenige Triebe entfernen, wenn sie zu dicht werden.

Arten und Sorten Von *T. baccata* (Zone 6a) gibt es viele Sorten, darunter zahlreiche goldgelbe wie *T. b.* 'Elegantissima' (breit aufrecht wachsend); *T. b.* 'Fastigiata' (schmal säulenförmig); Sorten von *T. b.* 'Fastigiata Aurea' (goldgelb); Sorten von *T. x media* (Kreuzung der Japanischen und Europäischen Eibe, Zone 5a), die in den USA anstelle der Europäischen Eibe verwendet werden.

Verwendung Formale Hecken, grüne Architektur, geometrische Formen wie Kegel, Pyramiden, Dome und Obelisken. Eibenhäuser und pilzköpfige Hochstämme; Tunnel; frei wachsende Hecken; abstrakte Skulpturen und figürliche Darstellungen.

Probleme Nasse Böden meiden, da empfindlich gegenüber Wurzelfäule durch Phytophthora. Als Kübelpflanze nicht sehr geeignet.

Thuja
LEBENSBAUM

Diese aromatisch duftenden Koniferen werden schon lange für formale Hecken und grüne architektonische Formen verwendet. Durch den Schnitt bilden sie eine feine, glatte Oberfläche. Der Riesenlebensbaum (*T. plicata*) hat frischgrüne Zweige, er bildet einen schönen Kontrast zum dunklen Grün von Eiben und Ilex.

Ansprüche Gedeiht am besten auf tiefgründigen Böden. Sturmfest, nur Jungpflanzen brauchen einen Windschutz. Einmal im späten Frühjahr und, wenn nötig, nochmals am Ende des Sommers schneiden. Leittrieb erst einkürzen, wenn die Pflanze die gewünschte Endhöhe hat.

Arten und Sorten *T. occidentalis* (Abendländischer Lebensbaum, Zone 5a) und Sorten sowie *T. plicata* (Riesenlebensbaum, Zone 5b) und Sorten.

Verwendung Hohe Hecken, grüne Wände und architektonische Strukturen wie Kolonnaden und Bögen.

Probleme Für gewöhnlich keine.

Tilia
LINDE

Dank der biegsamen Triebe und der Raschwüchsigkeit sind die winterharten, Laub abwerfenden Bäume die perfekte Wahl für Baumwände, die viel weniger Platz als Hecken benötigen und mehr Licht durchlassen. Im Winter ist das Zweigskelett ein hübsches Strukturelement. Linden haben große, hell- oder dunkelgrüne, herzförmige Blätter, im Sommer kleine, duftende Blüten. Unter Holländischen Linden (*T. x vulgaris*) fällt oft klebriger Honigtau, bei anderen Linden ist das kein Problem.

Ansprüche Nährstoffreicher, tiefgründiger, stets frischer Boden ist am besten. Geschnitten wird während der Ruhezeit, wobei alle Triebe entfernt werden, die nicht für den Formaufbau benötigt werden und aus den horizontal wachsenden Gerüsttrieben getrieben sind. Auch die Schösslinge an der Basis von *T. x europaea* werden entfernt.

Arten und Sorten *T. x europaea* (Zone 4) wird heute zuweilen durch die Krimlinde *T. x euchlora* (Zone 5b) ersetzt, die kaum unter Blattläusen leidet und keine Schösslinge an der Stammbasis bildet. Bei *T. platyphyllos* 'Rubra' (Zone 4) sind die jungen Triebe im Winter auffallend rot.

Verwendung Baumwände, streng geschnittene Hecken.

Probleme Bei manchen Arten Blattlausbefall und Schösslinge.

Tsuga
HEMLOCKTANNE

Die Westliche Hemlocktanne (*T. heterophylla*) eignet sich wie die Eibe für Hecken und treibt auch nach einem kräftigen Rückschnitt wieder aus. Sie gedeiht besonders gut im maritimen Klima mit viel Regen.

Ansprüche Die Westliche Hemlocktanne gedeiht gut in feuchten, neutralen bis sauren Böden. Besonders in der Anwachsphase sollte man sie vor kaltem, austrocknendem Wind schützen. Auf kalkhaltigen Böden in exponierter Lage sollte man es lieber mit der Kanadischen Hemlocktanne (*T. canadensis*) versuchen. Um einen dichten, buschigen Wuchs zu erzielen, kneift man den Austrieb ab. Sobald die gewünschte Form erreicht ist, schneidet man zweimal im Sommer.

Arten und Sorten Kanadische Hemlocktanne (*T. canadensis*, Zone 5b) und Westliche Hemlocktanne (*T. heterophylla*, Zone 6b).

Verwendung Hecken und einfache grüne architektonische Formen.

Probleme Verträgt Luftverschmutzung der Städte nicht und leidet bei Trockenheit.

Viburnum tinus
LORBEERBLÄTTRIGER SCHNEEBALL

Eine immergrüne Art mit mittelgroßen, dunkelgrünen, ovalen Blättern. Vom Herbst bis zum Frühjahr erscheinen immer neue weiße, nach Honig duftende Blüten und, sofern mehrere Pflanzen zusammenstehen, auch zahlreiche metallisch blaue Beeren.

Ansprüche Wächst in jedem normalen Boden; verträgt Schatten. Nach der Blüte im Frühling schneiden. Hochstämme kann man aus Sämlingen heranziehen, um reich blühende Pflanzen zu erhalten, nimmt man aber lieber Stecklinge von ausgesuchten Klonen.

Arten und Sorten 'Eve Price' (kompakt, reich blühend), 'Gwenllian' (rosa überhauchte Blüten und Knospen, weniger stark wachsend als die Art selbst), 'Variegatum' (rahmweiß gesprenkelt, frostempfindlich) (Zone 8a).

Verwendung Blühende Hochstämme, breite Kegel, an der Wand gezogene Halbkegel.

Probleme Im Allgemeinen keine, leidet zuweilen unter Rußtau auf den Blättern, der auf Befall durch Schild- oder Blattläuse oder Weiße Fliege hindeuten kann. Behandlung mit systemischen Insektiziden.

Taxus baccata

Thuja plicata 'Irish Gold'

Tilia

Viburnum tinus 'Eve Price'

Glossar

Auskneifen Entfernen der Triebspitze (meist der Terminalknospe mit einigen sich entfaltenden Blättern) mit Daumen und Zeigefinger. Als Folge davon treiben mehrere Seitentriebe aus. Diese Methode wird benutzt, um bei wenig verzweigten Formgehölzen ein buschigeres Aussehen zu erzielen.

Berceau Laubengang, der von dekorativen Treillage-Elementen oder Wänden aus geschnittenen Gehölzen wie Hainbuche gebildet wird.

Clairvoyée Bezeichnung aus dem Französischen für eine fensterähnliche Öffnung, die in eine Hecke oder eine grüne Wand geschnitten wird.

Etagenform Formgehölz mit etagenförmig angeordneten Abschnitten mit schmalen Abständen, ähnlich einer mehrstöckigen Hochzeitstorte.

Exedra Halbkreisförmige Mauer oder Hecke, oft zusammen mit einer geschwungenen Bank oder einem kreisförmigen Pflasterelement, zum Beispiel am Ende eines Ausblicks oder eines Wegs.

Gefüllte Schablonen Bezeichnung für meist mit Moos gefüllte Formen mit einem Rahmen oder einer Schablone, bewachsen mit Efeu oder anderen Pflanzen, die darin leicht Wurzeln bilden.

Girlande Meist mithilfe von Seilen errichtete, mit Efeu umrankte Schleppen, die eine Reihe von Säulen verbinden oder ein Fenstersims zieren.

Hochstamm Ein Gehölz mit einem langen, unverzweigten Stamm, im Falle von Formgehölzen meist mit kugel- oder kuppelförmiger Krone, als Trauerform mit überhängenden Ästen. Auch figürliche Darstellungen wie Vögel können als Hochstamm gezogen werden.

Hochstammhecke Eine »Hecke auf Stamm«, die erst dann geschnitten wird, wenn der unverzweigte Stamm der einzelnen Pflanzen eine Mindesthöhe, für gewöhnlich mehr als Kopfhöhe, erreicht hat.

Humus Organischer Bodenbestandteil, der dem Boden zum Beispiel in Form von Gartenkompost oder gut abgelagertem Pferdemist zugeführt wird, damit dieser krümeliger wird und die Feuchtigkeit besser hält.

Irrgarten Ein verwickeltes Muster von in der Regel hohen Hecken, in dem der Spazierende immer wieder in blind endende Wegstücke geführt wird. Das Ziel dieses Spiels besteht darin, die Mitte zu erreichen.

Knoten Ein ineinander verschlungenes Muster niedriger Hecken, das im Elisabethanischen Zeitalter sehr beliebt war.

Kolonnade Eine Reihe miteinander verbundener Bögen im klassischen Stil aus geschnittenen Hecken.

Labyrinth Eine irrgartenähnliche Anlage, oftmals im Rasen abgegrenzt, in dem der Spaziergänger auf verschlungenen, schmalen Pfaden wandelt.

Leittrieb Der Haupttrieb oder die zentrale Achse einer Pflanze.

Mulch Zum Beispiel gehäckselte Rinde, Rasenschnitt oder anderes organisches Material, das als dicke Schicht auf dem Boden ausgebracht wird, um zu verhindern, dass Unkraut aufkommt, und um den Boden feucht zu halten. Es können aber auch dekorative Materialien verwendet werden, mit denen man den Boden in Parterres und Knoten farblich gestaltet.

Nische Eine flache, tür- oder fensterähnliche Vertiefung in einer geschnittenen Hecke. Oft beherbergt sie eine Statue oder Urne auf einer Säule.

Obelisk Eine spitz zulaufende geometrische Form mit quadratischem Grundriss, oft an der Spitze mit einer Pyramide oder einem kugelförmigen Abschluss. Oft wird eine Schablone verwendet, um diese strenge Form zu erzielen.

Parterre Ein schlichtes oder kompliziertes Muster aus niedrigen, geschnittenen Einfassungen. Im Unterschied zum Knoten weist ein Parterre keine ineinander verschlungenen Bereiche auf.

Parterre de Broderie Ein Parterre mit kunstvoll ausgearbeitetem Muster in Form gestickter Blumen, Blätter und Ranken.

Pflanzholz Schmales, stumpf endendes Gartengerät zum Bohren von Pflanzlöchern, zum Beispiel in zusammengepresstem Torfmoos, mit dem man Rahmen für Formgehölze ausfüllt.

Schablone Ein offenes Gerüst oder Rahmen aus Gitter, Maschendraht oder Draht, mit dessen Hilfe der Wuchs einer Pflanze in eine bestimmte Form gebracht wird. Eine Schablone kann über eine Pflanze gestülpt werden, die dann in dem Maße geschnitten wird, wie sie den Rahmen durchwächst, oder um Triebe daran festzubinden oder, im Falle von Efeu, hindurchzuschlingen. Mit Moos gefüllte Schablonen werden verwendet, um schnelle Effekte zu erzielen. Im Englischen nennt man sie »chlorophylls«.

Spalier An Wänden gezogene Form von Baumobst und Ziergehölzen mit waagerechten Ästen.

Strebebogen Ursprünglich Bezeichnung für ein in regelmäßigen Abständen angeordnetes, schräg stehendes Stützelement aus Ziegeln oder Steinquadern zur Stützung von Mauern, aber auch in Zusammenhang mit streng geschnittenen Hecken verwendet. So können Hecken eher den Eindruck eines grünen Mauerwerks erwecken und durch ähnlich geformte Zusatzelemente besonderes Gewicht erhalten.

Trapezform Form einer geschnittenen Hecke, die sich nach oben verjüngt, sodass auch die unteren Bereiche genug Licht erhalten.

Verflechten Flächige Formierung von Ästen an Drähten, sodass lockere grüne Wände entstehen.

Substratsetzling Ein kleiner bewurzelter Steckling oder ein Sämling, der in Topfplatten angezogen wurde. Er weist deshalb einen kompakten, nach unten schmaler werdenden Wurzelballen auf und eignet sich besonders gut zum Bepflanzen von gefüllten Schablonen.

Senkschnur Ein Stück Schnur mit einem Gewicht am Ende, mit dem sich prüfen lässt, ob Linien wirklich lotrecht sind.

Treillage Aus dem Französischen stammende Bezeichnung für kunstvoll gestaltete Spaliere.

Wolkenschnitt Im Englischen »cloud pruning« genannt. Bezeichnung für eine aus dem Fernen Osten stammende Formschnitttechnik, durch die stilisierte Bäume mit wolkenähnlichen Strukturen aus geschnittenem Grün an den Spitzen kahler Triebe geformt werden.

Sehenswerte Gärten

Die folgende Zusammenstellung ist keinesfalls vollständig, nennt aber einige der besten Formschnitt-Gärten und formal gestalteten Gärten in Europa und den Vereinigten Staaten, die öffentlich zugänglich sind. Es empfiehlt sich, sich in einem aktuellen Gartenführer oder im Internet über die Öffnungszeiten zu informieren. Es gibt prachtvolle private Formschnitt-Gärten, von denen manche an bestimmten Tagen im Jahr oder nach Anmeldung ihre Tore öffnen.

DEUTSCHLAND, ÖSTERREICH

Augustusburg, Brühl bei Köln
Groß-Sedlitz, Heidenau/Dresden
Herrenhausen, Hannover
Hortus Palatinus (Schlossgarten), Heidelberg
Klein-Glienicke, Berlin
Kleve (Landschaftspark), Nordrhein-Westfalen
Nymphenburg (Schlosspark), München
Park von Schloss Belvedere in Weimar, formaler Garten und Landschaftsgarten
Park von Schloss Sanssouci, Potsdam
Schleißheim (Hofgarten), München
Schönbrunn, Wien
Schwetzingen, Baden-Württemberg
Veitshöchheim, Bayern
Wilhelmshöhe (Bergpark), Kassel

GROSSBRITANNIEN

Arley Hall, Arley, Northwich, Cheshire
Athelhampton, Athelhampton, Dorchester, Dorset
Barnsley House, Barnsley, Cirencester, Gloucestershire
Belton House, Grantham, Lincolnshire
Biddulph Grange, Stoke-on-Trent, Staffordshire
Blickling Hall, Blickling, Aylsham, Norfolk
Bodrhyddan, Rhuddlan, Denbighshire, Wales
Brickwall House, Northiam, Rye, East Sussex
Chatsworth House, Bakewell, Derbyshire
Chenies Manor, Chenies, Buckinghamshire
Chirk Castle, Chirk, Nr Wrexham, Nordwales
Clipsham Yew Walk, Clipsham, Rutland
Cliveden, Taplow, Buckinghamshire
Cranbourne Manor Garden, Wimborne, Dorset
Doddington Hall, Lincoln, Lincolnsh.
Dorney Court, Dorney, Windsor, Berkshire
Drummond Castle, Muthill, Crieff, Tayside, Schottland
Elsing Hall, Elsing, Nr Dereham, Norfolk
Elvaston Castle, Elvaston, Derbyshire
Erddig, Wrexham, North Wales
Ham House, Ham, Richmond, Surrey
Hampton Court Palace, Hampton Wick, East Molesey, Surrey
Harewood House, Leeds, Yorkshire
Hatfield House, Hatfield, Hertfordshire
Helmingham Hall, Stowmarket, Suffolk
Hever Castle, Edenbridge, Kent
Hidcote Manor, Chipping Camden, Gloucestershire
Knightshayes, Tiverton, Devon
Lamport Hall, Northampton, Northamptonshire
Leeds Castle, Maidstone, Kent
Levens Hall, Kendal, Cumbria
Longleat House, Warminster, Wiltshire
Mapperton House, Beaminster, Dorset
Megginch Castle, Errol, Perthshire, Nr Perth, Tayside, Schottland
Melbourne Hall, Melbourne, Derbyshire
Mount Stewart, Co. Down, Nordirland

Piet Bekaerts Garten in Belgien

RHS Chelsea Flower Show 2003

RHS Chelsea Flower Show 1999

Rousham House, Oxfordshire

Chenies Manor, Buckinghamshire

Parnham House, Parnham, Beaminster, Dorset
Peover Hall, Over Peover, Knutsford, Cheshire
Pitmedden, Udny, Ellon, Aberdeenshire, Schottland
Plas Brondanw, Gwynedd, Wales
Powis Castle, Powys, Wales
Renishaw Hall, Renishaw, Derbyshire
Rodmarton Manor, Cirencester, Gloucestershire
Rousham House, Bicester, Oxfordshire
Sudeley Castle, Winchcombe, Gloucestershire
Tatton Hall Gardens, Knutsford, Cheshire
Walmer Castle, Walmer, Deal, Kent
West Green House, Hartley Wintney, Basingstoke, Hampshire
Wollerton Old Hall, Wollerton, Market Drayton, Shropshire
Wyken Hall, Bury St. Edmunds, Suffolk

BELGIEN, NIEDERLANDE, LUXEMBURG

Château de Beloeil, Nr Mons, Belgien
Het Loo, Apeldoorn, Gelderland, Niederlande
Huis Bingerden, Ligging, Angerio, Niederlande
Kasteel Twickel, Delden, Niederlande
Kasteel Weeldam, Goor, Niederlande
Middachten, De Steeg, Gelderland, Niederlande
Pare des Topiares, Durbuy, Prov. Liège, Belgien

FRANKREICH

Château d'Angers, Loire
Château de Breteuil, Yvelines
Château du Pin, Fabras, Ardeche
Chenonceaux, Indre-et-Loire
Courances, Essonne
Eyrignac, Salignac, Dordogne
Le Parc Oriental, Loire
Vaux-le-Vicomte, Seine-et-Marne
Versailles, Yvelines
Villandry, Indre-et-Loire

ITALIEN

Castello Balduino, Montalto, Lombardei
Giardino Giusti, Verona, Veneto
Isola Bella, Lago Maggiore, Lombardei
Palazzo Farnese, Caprarola, Viterbo
Villa Allegri Arvedi, V. Cuzzoni, Veneto
Villa Gamberaia, Settignano, Toskana
Villa Garzoni, Collodi, Toskana
Villa La Pietra, Florenz, Toskana
Villa Lante della Rovere, Bagnaria, Latium
Villa Marlia, Lucca, Toskana
Villa Pisani, Strà, Veneto
Villa Rizzardi, Pojega di Negrar, Veneto

VEREINIGTE STAATEN

Colonial Williamsburg, Williamsburg, Virginia
Filoli Historic House and Gardens, Woodside, Kalifornien
Green Animals, Portsmouth, Rhode Island
Ladew Topiary Gardens, Monkton, Maryland
Longwood Gardens, Kennett Square, Pennsylvania
Mount Vernon, Mount Vernon, Virginia
Nemours Mansion and Gardens, Wilmington, Delaware
Walt Disney World, Lake Buena Vista, Florida

Lamport Hall, Northampton, Northamptonshire

Peover Hall, Knutsford, Cheshire

Informationen/Bezugsquellen

INFORMATIONEN

Deutsche Sektion der European Boxwood & Topiary Society (EBTS)
www.boxwoodandtopiary.org/box wood/html/euro_deutsch.htm
Informationen über Formschnitt, Pflanzen, Gärten, Gärtnereien etc.

BEZUGSQUELLEN

Deutschland, Schweiz

Country Garden
Nagolder Straße 17, 72119 Ammerbuch-Pfäffingen
Tel.: 07073/2372
www.countrygarden.de
Rankhilfen, Obelisken etc.

Bund deutscher Baumschulen e. V.
Bismarckstraße 49, 25421 Pinneberg
Tel.: 04104/2 05 90
www.bund-deutscher-baumschulen.de
Pflanzen und Adressen einzelner Baumschulen

Verband Schweizerischer Baumschulen
Züricherstr. 17, Postfach 17, CH–5200 Windisch
Pflanzen und Adressen einzelner Baumschulen

Versandbaumschule Brenninger
Hofstarring 2 D, 84439 Steinkirchen
Tel.: 08084/25 99 01
www.brenninger.de
Bäume und Sträucher

Baumschulen Wilhelm Ley
Postfach 238, 53340 Meckenheim
Tel.: 02225/9 14 40
www.ley-baumschule.de
Bäume und Sträucher

Felco Deutschland
82323 Tutzing
www.felco.de
Gartenscheren, Astscheren, Heckenscheren, Sägen etc.

Großbritannien

Bellamont Topiary
Long Bredy
Dorset DT2 9HN
Tel.: 0044/1308/48 22 20
E-Mail: harriet@bellamont-topiary.co.uk
www.bellamont-topiary.co.uk
Formgehölze

Burgon & Ball Ltd.
Sir Peter Thompson House,
Market Close
Poole, Dorset
Tel.: 0044/114/2 33 82 62
www.burgonandball.com/dbpages/topiary.php
Schablonen für Topiary, Zubehör

Covey Farm Nurseries
Covey Farm
Pitsford Road
Chapel Brompton
Northampton
Northamptonshire
NN6 8BE
Tel.: 0044/1604/82 18 43
www.shrubs-trees-topiary.co.uk
Formgehölze

Earlstone Box and Topiary
Earlstone Manor Farm
Burghclere, Newbury
Berkshire RG20 9NG
Tel.: 0044/1635/27 86 48
www.earlstoneboxandtopiary.co.uk

Folia
Home Farm, Munden Road
Dane End, Hertfordshire SG12 0LL
E-Mail: consumerhelp@folia-europe.com
www.folia-europe.com
Formgehölze

Highfield Hollies
Highfield Farm, Hatch Lane, Liss,
Hampshire GU33 7NH
Tel.: 0044/1730/89 23 72
E-Mail: louise@highfieldhollies.com
www.highfieldhollies.com
Ilex, auch als Formgehölz

Pound Hill Plants
West Kington Nurseries
Tel.: 0044/1249/78 38 80
www.poundhillplants.co.uk

Prestige Plants
Suffolk
Tel.: 0044/449/61 59 19
www.prestigeplants.co.uk

River Garden Nurseries
Troutbeck, Otford,
Sevenoaks, Kent TN14 5PH
Tel.: 0044/1959/52 55 88
E-Mail: box@river-garden.co.uk
www.river-garden.co.uk
Buchsbaum, auch als Formgehölz

The Romantic Garden Nursery
Swannington, Norwich NR9 5NW
Tel.: 0044/1603/26 14 88
E-Mail: enquiries@romantic-garden.nursery.co.uk
www.romantic-garden.nursery.co.uk
Formgehölze

The Topiary Shop
Tel.: 0044/800/2 98 73 79 (Broschüren)
E-Mail: enquiries@topiaryshop.co.uk
www.topiaryshop.co.uk
Schablonen für Topiary, Handwerkzeuge, Formgehölze

Topiary Art Designs
Steve Manning
Tel.: 0044/1359/23 23 03
E-Mail: steve@topiaryartdesigns.com
www.topiaryartdesigns.com
Schablonen für Topiary

Topiary Frames by Brian Joyce
9 Ash Grove
Wheathampstead
AL4 8DF
Tel.: 0044/1582/62 97 24
Schablonen für Topiary

Webs of Wychbold
Wychbold
Droitwich Spa
Worcestershire WR9 0DG
Tel.: 0044/1527/86 00 00
www.websofwychbold.co.uk
Formgehölze

NORDAMERIKA

The American Boxwood Society
www.boxwoodsociety.org
Gesellschaft für Topiary

Chesapeake Topiary Frames
PO Box 188
Galena Md, 21635
Tel.: 001/410/648-5616
www.chesframes.com
Schablonen für Topiary

Cliff Finch's Zoo
PO Box 54
Friant
California 93626
Tel.: 001/559/822-2315
E-Mail: info@topiaryzoo.com
www.topiaryzoo.com
Efeu und klassische Formgehölze, auch Schablonen

Greenpiece Wire Art
PO Box 260
Bridge Station
Niagara Falls, NY 14305
Tel.: 001/905/6 79 60 66
E-Mail: info@greenpiecewireart.com
www.greenpiecewireart.com
Schablonen für Topiary

Kenneth Lynch and Sons Inc.
84 Danbury Road
PO Box 488
Wilton, Connecticut
Tel.: 001/203/7 62 83 63
E-Mail: info@klynchandsons.com
www.klynchandsons.com
Schablonen aus rostfreiem Stahl für Topiary

Meadowbrook Farm
1633 Washington Lane
Meadowbrook
Philadelphia 19046
Tel.: 001/215/8 87 59 00
E-Mail: newsletter@meadowbrook-farm.com
www.meadowbrook-farm.com
Schablonen für Topiary und für Moosfüllungen, Postversand

MK Rittenhouse & Sons Ltd
R.R. # 3, 1402 Fourth Avenue
St. Catharines, Ontario, Canada L2R 6P9
Tel.: 001/905/6 84-81 22
Schablonen und einige Werkzeuge für Topiary

Noah's Ark Topiary
PO Box 10213
Largo, Florida 33773
www.noahsarktopiary.com
Schablonen für Topiary

Riverside Enterprises
Tel.: 001/518/2 72 38 00
Onlinebestellung unter www.wirestore.com
Schablonen für Topiary

Samia Rose Topiary
E-Mail: info@srtopiary.com
Tel.: 001/760/4 36 04 60
Schablonen für Topiary

The Topiary Store
16307 115th Avenue SW
Vashon Island
WA 98070
Tel.: 001/206/567 5047
E-Mail: topiarysales@cs.com
Schablonen für Topiary sowie Pflanzen

Yardzoo.com
2549 E Cameron Ave
West Covina
California 91791
E-Mail: info@yardzoo.com
www.yardzoo.com
Internetkatalog für Schablonen für Topiary

Register

A
Allee 40, 65, 82, *83*, 88, 105f., *107*
Alpenveilchen 45
Argyranthemum 112
Arley Hall 51
Astschere 144
Azalee 24, 71
 –, Japanische 134

B
Bastardzypresse 147
Baumhecke *60*, 74
Baumreihe 58
Baumwände 58, *58*, *79*, 88
Begonien 90
Bekaert, Piet 46
Berberis thunbergii f. *atropurpurea* `Atropurpurea Nana´ 92
Bodenmuster *38*, 54, *54*, 56, 66, 68
Bogen 6, 20, 23, *31*, 36, 38, 50f., 78, 82, *82*, 86, 96
 –, gotische *83*, *83*
Bogengänge 74, 76
Bogentunnel 140
Brachyglottis `Sunshine´ 102
Bubiköpfchen 126
Buche *22*, *43*, 49, 74, 78, 105, *121*
Buchenhecke *114*, *124*
Buchs *6*, 10, 20, *22*, 24, 26, 28, *29*, 30, *30*, *31*, 33, *38*, 40, 42, *44*, 49, *54*, 71, *73f.*, 78, 80, *90*, 92, *92*, 93, 95, 102, *102*, 103, *105*, 106, *109f.*, *112*, *113*, 114, *122*, 124, 130, *132f.*, *133*, 134, *145*, 146
Buchshecken 8f., *26*, 32, 40, *44*, *59*, 66, *133*
Buchskegel 40, *41*, 42
Buchskugeln 14, 16, *20*, 26, *27*, *40*, 42, *58*, *66*
Buchs-Parterre 13, *36*, 74
Buchsspiralen 42, *110*
Buchstreppe *81*
Buchswürfel *66*
Butterstream Garden 56
Buxus 146
 B. microphylla `Faulkner´ 56, 103
 B. m. `Green Pillow´ 102
 B. sempervirens 80, 110, 114, *124*, *146*
 B. s. `Elegantissima´ *80*, *105*, *113*, *146*
 B. s. `Marginata´ *146*
 B. s. `Suffruticosa´ 134
 B. sinica var. *insularis* `Tide Hill´ 102

C
Carpinus betulus 146
Chaenomeles 133
Chamaecyparis 106, 110, 146, *146*
Chartres-Labyrinth 97
Château d´Angers *128*
Château de Breteuil 54
Château de Courances 70
Château de Villandry *56*
Château du Pin *64*, 70, *70*
Chatsworth House 68
Chinesischer Klebsame 102
Clipsham Yew Walk 65, 132
Cotoneaster 52, 103, 134, 146
 C. horizontalis 133
Cottagegärten 14, *22*, 38, *85*, 118, *141*
Cottagestil 22
Countrygarten *76*, 118, *120*, *141*
Crataegus 147
Cryptomeria 112
 C. japonica 130
x *Cupressocyparis leylandii* 48, 84, 147
 x *C. l.* `Golconda´ *147*
Cupressus 114, 147

D
Delavays Liguster 42
Disney World 33, 120f.
Duftblüte 52, 103, 114, 150
Düngen 145

E
Edelgamander 92
Efeu 23, 26, *30*, 58, 86, 115, *118*, 120, 126, 128, 133, *140*
Efeuformen 115
Efeu, Kolchischer 133
Efeuspirale *115*
Eibe 20, 26, 38, *40*, 42, 44, 50, *50*, 51, *51*, 52, *52*, 73, 78, 80, *80*, *81*, 95, 100, 102, 105f., 108, 110, *117*, 121, 124, 132f., *145*, 151
Eibenallee 132
Eibenhäuser 86, *86*
Eibenhecken 32, *38*, 66, *73*
Eibenkuppeln *107*
Eibenlaube *84*
Eibenpyramide 35, 40, *46*, 48, *48*, 49, *49*, *59*, 60, *104*, *105*, 145
Eibensäulen *43*, *71*
Eibentunnel 86
Eibentürme 42
Eibenzylinder *41*, *107*
Eingänge 42f., 45
Elisabethanische Gärten 56
Elsing Hall *48*
Elvaston Castle 52, *52*
Embleme 132
Erdformationen 136

Etagenbäume 54
Etagenformen *16*, 43, 60, 66, *76*, 100, 101
Euonymus 147
 E. fortunei `Emerald Gaiety´ 56, 90
 E. f. `Emerald `n´ Gold´ *147*
 E. f. `Silver Queen´ *53*, 133
 E. japonicus 41, 102
 E. variegata `Silver Queen´ *147*
Exedren 85, *85*

F
Fächer-Zwergmispel 133
Fagus sylvatica 147, *147*
Felsenmispel 146
Feng-Shui 134
Feuerdorn 26, 42, 120, 133, 151
Ficus pumila 126
Figuren 45, 98, 120
Fishbourne, römischer Palast 8, *9*
Flachs, Neuseeländer 28, *53*
Flechtwände 140, *140*
Fleißiges Lieschen 90
Fontänen 68, *69*
Formen, geometrische 98
 –, organische 134
 –, wellige 71
Formgehölze 145f.
Fuchsien 112

G
Garten, japanischer 13, *14*, 24, 54, 130
Gartenschere 144
Geißblatt 112, 124
Gewöhnlicher Efeu 148
Glyzinen 88
Goldregen 88, 149
Gras 96, 126, 136, 139
Graslabyrinth *138*
Grasmuster 138
Grauweide 141
Grotten 84f.

H
Hainbuche 42, 49f., 74, 86, 89, 146
Hainbuchenhecke *85*
Hebe 148
 H. rakaiensis 54, 102
 H. `Red Edge´ 54
 H. topiaria 54
Hecke 8f., *20*, *20*, 30, 32, 38, 43, 45f., *46*, 50, 58, 60, 62ff., 74, 76, 78f., *79*, 82, 84f., 92, 94f., 98
Heckenkirsche 66
Heckenkronen 79
Heckenschere 144, *145*

Hedera colchica `Dentata´ 133
 H. helix 126, 133, 148
 H. helix `Green Ripple´ *86*, 148
Heiligenblume 20, *28*, 40, 52, 54, *59*, 90, 92, 95, *133*
Heiligenkraut 103
Hemlocktanne 152
Hever Castle 95
Hochstamm 19, *22*, 23, 26, *27*, *31*, 58, 76, 98, 112, *113*, 114f., 121
 –, dreikugeliger 14
Hochstammhecken *79*, 88
 –, lolliförmige 42, 62
Hydrangea paniculata 42
Hyssopus 148
 H. officinalis 148

I
Ilex 20, 23, 26, 38, 42f., *51*, 52, 63, 95, 100, 102, 105f., 112, 114, 124, 148
 I. aquifolium 100, 112, 114, *148*
 I. crenata 24, 40, 103, 130
 I. c. `Golden Gem´ 56, 92
Ilexhecke 85
Ilex-Hochstämme *59*
Ilex vomitoria 40, 120f., 130
Impatiens-F1-Hybriden 90
Irrgärten 90, 94f., 95

J
Jardins d´Eyrignac *64*
Jenks, Charles 137
Juniperus 110, 148

K
Kamelien 42, 102
Kap-Bleiwurz 112
Kapuzinerkresse 144
Kegel 13, *16*, 18, 26, *27*, 28, *36*, 62, 98, 104, *105*, 110, 112, 128
Kegelform 100
Kiefer 150
Kirsche 151
Klebsame 150
Kletterfeige 126
Knoten 56, 92, *92*
Knotengarten 9f., 20, *56*, 60, 65f., 90, 93
Kolonnaden 8, 18, 58, 63, 73, 76, *85*, 86
Konifere 43, 78, *82*, 95, 106, 108
Koons, Jeff 11
Korbweide 140
Korkenzieherform 112
Kreuzdorn, Immergrüner 151
Kriechbambus 134
Kugel 13, 18, 20, 26, *27*, 28, *28*, 30, 36, 52, 54, 58, 63, 85, 98, 100, 102, *102*,

103, *103*, 112, 114, 128
Kuppel *16*, 18, *20*, 28, 52, 54, 58, 80, 86, 98, 102, *102*, 103, 112
Kuppelform 102, *103*, 128

L
Laburnum 149
   L. x *watereri* `Vossii´ 88, *149*
Labyrinth 60, 95f., 128
Land-Art 136, *136*
Landhausgarten 16, *20, 21, 36*, 85, 104
Landhausstil 20
Laube 74, 85, *86*, 140
Laubengang *86*
Laurus 110, 114, 149
   L. nobilis 149
Lavandula 149
   L. angustifolia 54
   L. a. `Hidcote´ 56, *149*
Lavendel 23, 38, 40, 52, *52*, 54, 56, 90, 92, 95, 103, 149
Lebensbaum *82*, 108, 110, 124, 152
Le Nôtre, André 9
Leptospermum scoparium 42
Levens Hall 32, *33*, 65
Leyland-Zypresse 48, 84
Liguster 106, 112, 124, 130, 149
Ligusterhecke 85
Ligustrum 149
   L. delavayanum 42, 103, 112, 121, 124, 130
   L. ovalifolium 78, 106
Linden 74, 88, 152
Lonicera nitida 66, 103, 114, 121, *121*, 124, 130, 132, 134, 150
   L. n. `Baggesen´s Gold´ 52, *149*
   L. periclymenum 112
Lorbeer 42, 63, 95, 106, 110, 112, *112*, 114, 149
Lorbeerhochstämmchen *8*
Lorbeerkirsche, Portugiesische 102
Lysimachia nummularia 126

M
Mäandermotiv 54
Mapperton Gardens 44, *45*
Mauer 38, 76
   –, grüne 73, 82
Menningeweide 141
Mentha pulegium 92
   M. requienii 126
Minze, Korsische 126
Muster 56, 63, 90, 96
Myrte 23, 42, 150
Myrtus 150
   M. communis 150

N
Neuseelandmyrte 42
Nische 84f.

O
Obelisken 48, 58, 84, 100
Obstgehölz 133

Oregano 92
Osmanthus 114, 150
   O. delavayi 150
   O. x *burkwoodii* 52, 103
Oudolf, Piet 10, *11*, 64

P
Palazzo Farnese 19
Palmlilie 28
Parc Oriental *131*
Parterre 9f., 16, *18, 20, 31*, 56, *57*, 74, 90, 92, *92*, 93, *93*, 95, *133*
Parterre à l'angloise 93
Parterre de Broderie 52, 54, 60, 65, 93
Pergola 46, 86, 98
Pfennigkraut 126
Pflege 144
Phillyrea 100, 150
Phormium 28
   P. tenax 53
Pinus 150
   P. mugo 150
   P. sylvestris `Watereri´ 130
   P. thunbergii 24, 130
Pittosporum 150
   P. tenuifolium 150
   P. tobira 102
Plumbago auriculata 112
Podocarpus 33
   P. macrophyllus 100, 121, 124
Poleiminze 92
Potagers 90, *90*
Prunus 151
   P. lusitanica 102
Pyracantha 26, 133, 151
   P. coccinea 120
Pyramide 18, *18*, 28, 40, 50, 60, *62*, 98, *98*, 100, *100*, 104f., 137

Q
Quercus ilex 20, 106, 151, *151*

R
Rasen 19, 30, 38, 60, 71, 93, *137*, 138, *138*, 139
Rasenlabyrinth 30, *97*
Rasenskulptur 139
Rauten 48, *56*
Reifweide 141
Renaissance, französische 9, 18, 56, 68
Renaissancegärten *19*
   –, italienische *13*, 18, 56, 68, 94
Reynolds, Jim 56
Rhamnus alaternus 151
   R. alternifolius 'Argenteovariegata' *151*
Rispen-Hortensie 42
Rokokobögen 79
Rosen 88, 120
Rosenbogen 20, *21*
Rosmarin 23, 114, 151
Rosmarinus 151
   R. officinalis 114, *151*
Rotbuche 147

S
Salix alba subsp. *vitellina* `Britzensis´ 141
   S. cinerea 141
   S. daphnoides 141
   S. viminalis 140
Santolina 28, 40, 92
   S. chamaecyparissus 54, 103
   S. c. `Lemon Queen´ 90
   S. rosmarinifolia subsp. *rosmarinifolia* 54
Säule 18, *27*, 38, 58, 76, 80, 85, 98, 100
Säuleneibe 48, 58, *107*
   –, Irische 100
Säulenzypresse 40, 58
Schablone 62, 115, 117, *118*, 120, *120, 121, 121*, 122, 126, *126*
Schachbrettform 104
Schachbrettmuster 54, 74
Schattenmuster 62
Scheinzypresse *103*, 108, 110, 146
Schneeball, Immergrüner 22, 42, 112
   –, Lorbeerblättriger 152
Schwarzkiefer, Japanische 24, 130
Sedum 137
Seggen, Immergrüne 126
Sempervivum 126
Sicheltanne 112
   –, Japanische 130
Silberweide 140
Sissinghurst 56
Sitwell, Sir George 19
Skulptur 16, 38, 48, 49, 66, 80, 112, 117
Soleirolia soleirolii 126
Spiegelbilder 48
Spiegelungen 70
Spindelstrauch 40, 52, 102, 133, 147
   –, Japanischer *41*
Spirale 19, 26, 53f., 66, 108, *108*, 109f., 115, 128, 136, 139
Spiralform *108*, 110
Statue 80, 84, 94
Stechpalme 103, 124, 148
   –, Japanische 24, 40, 92, 130, *131*
Steineibe *33*, 124
   –, Großblättrige 100, 121
Steineiche 20, 42, 63, *63*, 105f., 151
Steineichenzylinder *107*
Steinlinde 100, 150
Strauchehrenpreis 52, *53*, 54, 90, 103, 148
Strauchheckenkirsche 114, 134
   –, Immergrüne 52, 103, 121, *121*, 124, 130, 132, 150
Strauchmargeriten 112
Strebebogen 79
Stufen 51, 80
Stufengarten *19*
Sudeley Castle 120

T
Taxus 151
   T. baccata 110, 124, 152
   T. baccata `Fastigiata´ 100
Teegarten, japanischer 71, 137

Teppichmuster 128
Terrassen 36
Teucrium chamaedrys 92
Thuja 106
Thuja 110, 124, 152
   T. plicata `Irish Gold´ *152*
Thymian 20, 92
Tiere 121
Tierfiguren *11*, 14, *21*, 22f., *23*, 26, 32, 43, 112, *113*, 117f., *118*, *120*, 122
Tilia 152, *152*
Tor *16*, 23, 42f.
Torbogen 43, 82, *83*
Torpfosten *41*, 45
Tropaeolum speciosum 144
Tsuga 152
Turm 20, 98, 106

U
Urnenform 117

V
Vasenform 117
Vaux la Vicomte 9
Verbena x *hybrida* 90
Verbene 90
Versailles 9, 13, 18
Viburnum tinus 22, 42, 112, 152
   V. tinus 'Eve Price' *152*
Villa d'Este 9
Villa Lante 9, 19
Vitis vinifera 88
Vogelfigur 124, *124*, 125, *126*

W
Wabenmuster 128
Wacholder 58, 108, 110, 130, 148
Waldkiefer 130
Wasser 26, 38, 44, 68, *69*, 70
Wasserbecken 46, 60, 66, *69*, 70, *70*, *71*, 98
Wasserfälle *21*, 66, 68
Wassergarten 36, *45*, *137*
Weidenlaube 141
Wein 88
Weißdorn 23, 85, 147
Wellen 30, 64, 134
Winterschutz 145
Wirtz, Jacques 10, 134
Wirtz, Peter 134
Wolkenformen 66
Wolkenschnitt 13, *14*, 24, *25*, 28, 71, 117, 128, 130, *131*, 131, 134

Y
Ysop 23, 92, 148
Yucca 28

Z
Zengarten *24*
Zierquitte, Japanische 133
Zwergberberitze 92
Zwergbuchs 90
Zwergmispel 52
Zylinder 20, 63, 98, 106, *107*
Zypresse 82, 114, 147

Danksagung des Autors
Besonders danke ich meinen Freunden und Mitgliedern der European Boxwood and Topiary Society, von denen viele an den Recherchen beteiligt waren. Ein großes Dankeschön an Jenny Alban-Davies von den River Garden Nurseries, Steve Manning von Topiary Art Designs, Judy Older und The Topiary Shop, die Geräte und Einrichtungen zur Verfügung gestellt und die Schritt-für-Schritt-Anleitungen vorgeführt haben. Weiterhin danke ich der Gartendesignerin Fiona Henley sowie dem Topiarykenner und Profi Simon Rose sehr, die geholfen haben, einmalige Orte für Fotos ausfindig zu machen, und natürlich Steve Wooster, dessen Fotos eine Inspiration sind. Und ich danke all den Gartengestaltern und Topiarykennern auf der ganzen Welt, deren Werke hier zusammengestellt sind.

Danksagung des Verlags
Der Verlag dankt folgenden Gartenbesitzern und -gestaltern sowie Einrichtungen für die Erlaubnis, in ihren Gärten für dieses Buch fotografieren zu dürfen. Alle Bilder in diesem Buch stammen, sofern nicht anders angegeben, von Steve Wooster.

o = oben; u = unten; M = Mitte; l = links; r = rechts

Arley Hall, Cheshire 8ol; 49u; 51o; 72; 79u; 103u; 106; 107o; 158r
Athelhampton House and Gardens, Dorset 34–35; 49o; 50o; 61; 69or; 86; 88ul
Bosvigo House, Truro, Cornwall 27; 105o
Château d'Angers 57or; 128l
Château du Pin 45o; 60ol; 64; 65or; 71u; 83ol; 100; 116–117; 159ol; 160r
Chaumont Flower Festival, Frankreich 200l; 129; 133l
Chenies Manor, Buckinghamshire 17; 36; 41u; 75; 79ol; 119; 120; 153; 155or
Diana Yakeley, London (Besitzerin und Gartengestalterin) 5Ml (oben) (Fotograf: Jo Whitworth)
East Ruston Old Vicarage, Norwich 59u; 99 (Fotograf: Jo Whitworth)
Ellerslee Flower Show, Neuseeland 2003, 24o
Elsing Hall, Norfolk 5ul; 43o; 48ur; 87; 101u; 160l
Elvaston Castle 6; 47ol; 51u; 53u; 107ul; 107ur; 156r
Grahame Dawson & Alex Ross, Auckland, Neuseeland 74
The Garden in Mind, Hampshire 82o; 130 (Wolkenschnitt; Fotograf: Jo Whitworth) (Designer: Ivan Hicks)

Fiona Henley Design, Hampshire 41; 5M; 7; 12–13; 14; 27or; 41l; 53ol; 53or; 104u; 105u; 159ul
Iford Manor, Bradford-Upon-Avon, Wiltshire 26 (Fotograf: Jo Whitworth)
Mr und Mrs John Lewis, Shute House, Dorset (Fotograf: Sarah Cuttle)
John Tordoff, London (Besitzer und Designer) 137o
Judy Older, Kent 22o; 23u; 40u; 82ul; 83ul; 93ol; 122l
't Kragenhof, Belgien 19o; 28; 55; 62l
Kristina Fitzsimmons, London 56
Lamport Hall, Nottinghamshire 155ul (Fotograf: Peter Anderson)
Leeann Roots (Besitzer und Designer) 8ur
Mapperton Gardens, Dorset 19u; 40o; 45u; 80u
The Old Vicarage, East Ruston 1; 5o
Parc Oriental, Frankreich 25o; 131o; 131ul; 134; 142; 156l; 159or
Peover Hall, Cheshire 81o; 103o; 155ur
Piet Bekaerts Garten, Belgien 4r; 10 (beide); 29or; 29u; 47u; 85ur; 102r; 109; 128r; 135; 154o
Renishaw Hall, Sheffield 18o; 38l; 42u; 43u; 79or; 144l; 144r; 145r; 158l
RHS Chelsea Flower Show 1999 29ol; 154ur (»Sculpture in the Garden«, Designer: George Carter) (Fotograf: Jonathan Buckley)
RHS Chelsea Flower Show 2000 68 (Fotograf: Jonathan Buckley)
RHS Chelsea Flower Show 2003 4Mr (Topiary Arts Garden); 5Mr (o); 8ul (Help the Aged Garden); 27ol (The Romantic Garden Nursery); 108l; 108r (Topiary Arts Garden); 111 (Topiary Arts Garden); 112r (The Romantic Garden Nursery); 113ul (Topiary Arts Garden); 131r; 154ul (Topiary Arts Garden); 159ur
RHS Tatton Park Flower Show 2002 31ol (»Garden of Illusion«, Designer: Andy Stockton, Daniel Sterry und Marylynn Abbott)
Rodmarton Manor 4Ml; 161; 21ul; 76l; 78l; 84; 89u; 145l
Rousham House, Oxfordshire 155ol
Simon Rose 23o; 48ul
Sir Miles Warren, Christchurch, Neuseeland 157r
Tofuku-ji-Tempel, Kyoto, Japan 54ol
Steve Manning, Bury-St.-Edmunds 66r; 89o; 118; 121; 122r; 123o; 123u; 136r
Villandry, Frankreich 5ur; 9o; 52; 57ol; 57u; 58; 60or; 65ol; 88ur; 90l; 90r; 91; 93ur; 101oM; 157l
West Green House, bei Hartney Witney, Hampshire (Besitzer und Designer: Marylynn Abbott) 59or (Fotograf: Jo Whitworth)
Wollerton Old Hall, Shropshire 16or; 21l; 22u; 43ur; 46l; 46r; 70l; 98l; 102l; 104o

Wyken Hall, Suffolk 2–3; 20u; 37; 38l; 76r; 77; 78r; 101or; 112l
Yalding Organic Gardens, Kent 93or; 140 (Fotograf: Peter Anderson)

Der Verlag möchte außerdem der folgenden Bildagenturen und Fotografen für die Erlaubnis zur Verwendung der folgenden Abbildungen in diesem Buch danken:

Adrian Fisher Mazes Ltd. 95r (Portman Lodge, Durweston, Dorset DT11 OQA, Tel. +44 (0) 1258458845; Fax +44 (0) 1258 488824; E-Mail: sales@mazemaker.com; www.fishermazes.com
Garden Exposures Photo Library 69u (RHS Chelsea Flower Show 2000); 92r (Chanel Garden)
Garden Picture Library 137u (Ron Sutherland/Westonbirt Festival)
Jenny Hendy 15 Japanischer Garten (Walt Disney World, Florida); 18u (Giardino Corsini, Florenz); 20o (Levens Hall, Cumbria); 21ur (Wollerton Old Hall, Shropshire); 24u (Walt Disney World, Florida); 25u (EPCOT, Walt Disney World, Florida); 30 (Piet Bekaerts Garten, Belgien); 32o (Houghton Lodge, Stockbridge, Hampshire); 32–33 (Walt Disney World, Florida); 33o (Levens Hall, Cumbria); 44u (Rofford Manor, Oxfordshire); 50u; 54or (Château de Breteuil); 59ol (West Green House, Hampshire/Designer: Marylynn Abbott); 63o (Arley Hall, Cheshire); 63u; 71; 80o (Designer W&F Van Glabbeek); 81ul (Château Fleury); 81ur (Piet Bekaerts Garten, Belgien); 83or (Villa Gamberaia); 83ur (Plas Brondanw, Gwynedd, Wales); 85ul (La Mormaire, Frankreich); 98l (La Mormaire, Frankreich); 101ol (La Mormaire, Frankreich)
John Glover 31u (RHS Hampton Court 2001 Designer: Nicholas Howard); 39 (Staateleg 31, Maarssen); 48o (Chatsworth, Derbyshire); 94–95 (Hever Castle, Kent); 96 (Petaluma, California, gestaltet von Alex Champion); 96–97 (Parham, Surrey, gestaltet von Adrian Fisher Mazes); 139 (The Dower House, Shropshire); 141o (The Manor House, Upton Grey, Hampshire)
Harpur Picture Library 66l (Manor House, Bledlow); 67 (Cambridge Botanic Garden); 132r (William Barlow, RSA); 136u (Design: Andrew Pfeiffer, für Bill Taubman); 141u (Bourton House)
Mick Sharp 9u (Fishbourne Roman Palace, Chichester)
Photos Horticultural 31u (MJK)
Steve Wooster 11o (Piet Oudolfs Garten); 85o (Les Jardins du Prieure Notre-Dame d'Orsan); 92l (Woodpeckers); 138 (Yalding Organic Gardens).

HINWEIS
Das Pflanzenverzeichnis enthält eine Angabe der Winterhärtezonen für Mitteleuropa.

Winterhärtezonen
Vom Agricultural Research Service des US-amerikanischen Department of Agriculture wurde ein System der Winterhärtezonen von Pflanzen entwickelt. Grundlage für die Ermittlung der Zonen 1–11 ist das mittlere durchschnittliche jährliche Minimum der Temperatur. Für jede in Kapitel 5 genannte Pflanze wurde der Bereich der Winterhärtezonen angegeben. Dabei gibt die niedrigere Ziffer die am weitesten im Norden gelegene Zone an, in der die Pflanze den Winter noch übersteht, und die höhere die südlichste Zone, in der die Pflanze gedeihen kann. Dabei ist zu beachten, dass Faktoren wie Höhenlage, Windexposition, Nähe zum Wasser, Boden, Schnee, Nachttemperaturen, Schatten und Wasserversorgung der Pflanze die Winterhärte um bis zu 2 Zonen beeinflussen kann.

Zone	Temperatur	Zone	Temperatur
Zone 1	unter -45 °C	Zone 7a	-17,7 bis -15,0 °C
Zone 2	-45 bis -40 °C	Zone 7b	-15 bis -12,3 °C
Zone 3	-40 bis -34 °C	Zone 8	-12 bis -7 °C
Zone 4	-34 bis -29 °C	Zone 8a	-12,3 bis -9,5 °C
Zone 5	-29 bis -23 °C	Zone 8b	-9,5 bis -6,7 °C
Zone 6	-23 bis -18 °C	Zone 9	-7 bis -1 °C
Zone 6a	-23,3 bis -20,6 °C	Zone 10	-1 bis 4 °C
Zone 6b	-20,5 bis -17,8 °C	Zone 11	über 4 °C
Zone 7	-18 bis -12 °C